무량공덕17 무비스님 편저

지장보살본원경

下

도서출판 窓

독송(讀誦) 공덕문(功德文)

부처님은 범인(凡人)이 흉내 낼 수 없는 피나는 정진(精進)을 통해 큰 깨달음을 이루신 인류의 큰 스승이십니다. 그 깨달음으로 삶과 존재의 실상(實相)을 바르게 꿰뚫어 보시고 의미 있고 보람된 삶에 대하여 가르치셨습니다.

부처님의 가르침을 전하는 사람을 법사(法師)라고 하는데, 법화경(法華經) 법사품(法師品)에는 다섯 가지 법사에 대하여 설파하고 있습니다. 그 첫째는 경전을 지니고 다니는 사람, 둘째는 경전을 읽는 사람, 셋째는 경전을 외우는 사람, 넷째는 경전을 해설하는 사람, 다섯째는 경전을 사경하는 사람입니다. 이 중 한 가지만 하더라도 훌륭한 법사이며, "법사의 길을 행하는 사람은 부처님의 장엄(莊嚴)으로 장엄한 사람이며, 부처

님께서 두 어깨로 업어주는 사람이다." 라고 말씀하고 있으니 세상을 살아가면서 이보다 더 큰 보람과 영광이 어디에 있겠습니까?

이번에 제작된 <무량공덕 독송본>은 항상 지니고 다니면서 읽고 베껴 쓸 수 있는 경전입니다. 부디 많은 분들이 이 인연 공덕에 함께 하시어 큰깨달음 이루시고 행복하시기를 기원합니다.

독송공덕수승행 무변승복개회향
讀誦功德殊勝行 無邊勝福皆廻向(독송한 그 공덕 수승하여라, 가없는 그 공덕 모두 회향하여)

보원침익제유정 속왕무량광불찰
普願沈溺諸有情 速往無量光佛刹(이 세상 모든 사람 모든 생명, 한량없는 복된 삶 누려지이다.)

불기2549(2005)년 여름안거
금정산 범어사 如天 無比 합장

차례

지장보살본원경 하
地藏菩薩本願經 下

제칠 이익존망품
第七 利益存亡品

이시에 지장보살마하살이 백불언하시되 세존
爾時 地藏菩薩摩訶薩 白佛言 世尊

이시여 아관시염부제중생하니 거족동념이 무비
我觀是閻浮提衆生 擧足動念 無非

시죄라 약우선리라도 다퇴초심하며 혹우악연하면
是罪 若遇善利 多退初心 或遇惡緣

염념증익하나니 시등배인은 여리니도하며 부어
念念增益 是等輩人 如履泥塗 負於

중석하며 점곤점중하여 족섭심수하나니 약득우
重石 漸困漸重 足涉深邃 若得遇

선지식하면 체여감부커나 혹전여부하나니 시선
善知識 替與減負 或全與負 是善

지식이 유대력고로 부상부조하며 권령뇌각하여
知識 有大力故 復相扶助 勸令牢脚

약달평지하여는 수성악로하여 무재경력입니다 세
若達平地 須省惡路 無再經歷 世

존이시여 습악중생은 종섬호간하여 변지무량하나
尊 習惡衆生 從纖毫間 便至無量

니 시제중생이 유여차습일새 임명종시에 남녀
是諸衆生 有如此習 臨命終時 男女

권속이 의위설복하여 이자전로하되 혹현번개
眷屬 宜爲設福 以資前路 或懸幡蓋

하고 급연유등하며 혹전독존경하고 혹공양불상
及燃油燈 或轉讀尊經 或供養佛像

과 급제성상하며 내지염불보살과 급벽지불명자
及諸聖像 乃至念佛菩薩 及辟支佛名字

를 일명일호하여 역임종인이근커나 혹문재본식
一名一號 歷臨終人耳根 或聞在本識

하면 시제중생의 소조악업을 계기감과하여 필타
是諸衆生 所造惡業 計其感果 必墮

악취라도 연시권속의 위기임종지인하여 수차성
惡趣 緣是眷屬 爲其臨終之人 修此聖

인일새 여시중죄실개소멸하리니 약능갱위신사지
因 如是衆罪悉皆消滅 若能更爲身死之

후칠칠일내에 광조중선하면 능사시제중생으로
後七七日內 廣造衆善 能使是諸衆生

영리악취하고 득생인천하여 수승묘락하며 현재권
永離惡趣 得生人天 受勝妙樂 現在眷

속도 이익무량할것이니 시고로 아금에 대불세존과
屬 利益無量 是故 我今 對佛世尊

급천룡팔부인비인등하여 권어염부제중생하되
及天龍八部人非人等 勸於閻浮提衆生

임종지일에 신물살생하고 급조악연하며 배제귀
臨終之日 愼勿殺生 及造惡緣 拜祭鬼

신하여 구제망량하라하노니 하이고오 이소살해와
神 求諸魍魎 何以故 爾所殺害

내지배제히 무섬호지력도 이익망인하고 단결
乃至拜祭 無纖毫之力 利益亡人 但結

죄연하여 전증심중하나니 가사내세이나 혹현재
罪緣 轉增深重 假使來世 或現在

생에 득획성분하여 생인천중이라도 연시임종에
生 得獲聖分 生人天中 緣是臨終

피제권속의 조시악인으로 역령시명종인이 앙
被諸眷屬 造是惡因 亦令是命終人 殃

루대변하여 만생선처케함이온 하황임명종인이
累對辯 晚生善處 何況臨命終人

재생에 미증유소선근하면 각거본업하여 자수악
在生 未曾有小善根 各據本業 自受惡

취하리오 하인권속이 갱위증업이어뇨 비여유인이
趣 何忍眷屬 更爲增業 譬如有人

종원지래에 절량삼일이요 소부담물이 강과백
從遠地來 絶糧三日 所負擔物 强過百

근이어늘 홀우인인하여 갱부소물하면 이시지고로
斤 忽遇隣人 更附小物 以是之故

전부곤중인듯합니다 세존이시어 아관하니 염부중생
轉復困重 世尊 我觀 閻浮衆生

이 단능어제불교중에 내지선사를 일모일적과
但能於諸佛敎中 乃至善事 一毛一滴

일사일진이라도 여시이익을 실개자득할것입니다
一沙一塵 如是利益 悉皆自得

설시어시에 회중에 유일장자하니 명왈대변이라
說是語時 會中 有一長者 名曰大辯

시장자구증무생하여 화도시방할새 현장자신이러
是長者久證無生 化度十方 現長者身

니 합장공경하시어 문지장보살언하시되 대사여 시
合掌恭敬 問地藏菩薩言 大士 是

남염부제중생이 명종지후에 대소권속이 위수
南閻浮提衆生 命終之後 大小眷屬 爲修

공덕(功德)하되 내지설재(乃至設齋)하여 조중선인(造衆善因)하면 시명종인(是命終人)이
득대이익(得大利益)과 급해탈부(及解脫不)잇가 지장보살(地藏菩薩)이 답언(答言)하시되
장자(長者)여 아금(我今)에 위미래현재일체중생(爲未來現在一切衆生)하여 승불(承佛)
위력(威力)하시어 약설시사(略說是事)하리다 장자(長者)여 미래현재제중(未來現在諸衆)
생등(生等)이 임명종시(臨命終時)에 득문일불명(得聞一佛名)커나 일보살명(一菩薩名)커
나 일벽지불명(一辟支佛名)하면 불문유죄무죄(不問有罪無罪)하고 실득해탈(悉得解脫)

하리다

약유남자여인이 재생에 불수선인하고 다
若有男子女人 在生 不修善因 多

조중죄하면 명종지후에 권속대소위조복리일
造衆罪 命終之後 眷屬大小爲造福利一

체성사하여도 칠분지중에 이내획일하고 육분공
切聖事 七分之中 而乃獲一 六分功

덕은 생자자리하나니 이시지고로 미래현재선남
德 生者自利 以是之故 未來現在善男

녀등이 문건자수하면 분분전획하리다 무상대귀
女等 聞健自修 分分全獲 無常大鬼

불기이도하면 명명유신이 미지죄복하여 칠칠일
不期而到 冥冥遊神 未知罪福 七七日

내에 여치여농하며 혹재제사하여 변론업과하고
內 如癡如聾 或在諸司 辯論業果

심정지후에 거업수생하나니 미측지간에 천만수
審定之後 據業受生 未測之間 千萬愁

고어든 하황타어제악취등이리오 시명종인이 미
苦 何況墮於諸惡趣等 是命終人 未

득수생하고 재칠칠일내하여 염념지간에 망제골
得受生 在七七日內 念念之間 望諸骨

육권속의 여조복력구발하다가 과시일후에 수업
肉眷屬 與造福力救拔 過是日後 隨業

수보하나니 약시죄인이면 동경천백세중하여도 무
受報 若是罪人 動經千百歲中 無

해탈일이요 약시오무간죄로 타대지옥하면 천겁
解脫日 若是五無間罪 墮大地獄 千劫

만겁에 영수중고하나니라 부차장자여 여시죄업
萬劫 永受衆苦 復次長者 如是罪業

중생은 명종지후에 권속골육이 위수영재하여
衆生 命終之後 眷屬骨肉 爲修營齋

자조업도하되 미재식경과 급영재지차에 미감
資助業道 未齋食竟 及營齋之次 米泔

채엽을 불기어지하며 내지제식히 미헌불승하고
菜葉 不棄於地 乃至諸食 未獻佛僧

물득선식하리니 여유위식커나 급불정근하면 시명
勿得先食 如有違食 及不精勤 是命

종인이 요부득력하리다 약능정근호정하여 봉헌
終人 了不得力 若能精勤護淨 奉獻

불승하면 시명종인이 칠분에 획일하리라 시고로
佛僧 是命終人 七分 獲一 是故

장자여 염부중생이 약능위기부모와 내지권속하
長者 閻浮衆生 若能爲其父母 乃至眷屬

여 명종지후에 설재공양하되 지심근간하면 여시
命終之後 設齋供養 至心勤懇 如是

지인은 존망획리하리다 설시어시에 도리천궁에
之人 存亡獲利 說是語時 忉利天宮

유천만억나유타염부귀신이 실발무량보리지심
有千萬億那由他閻浮鬼神 悉發無量菩提之心

하며 대변장자(大辯長者)는 환희봉교(歡喜奉敎)하고 작례이퇴(作禮而退)하니라

제팔 염라왕중찬탄품(第八 閻羅王衆讚歎品)

이시철위산내(爾時鐵圍山內)에 유무량귀왕(有無量鬼王)하니 여염라천자(與閻羅天子)로 구예도리(俱詣忉利)하여 내도불소(來到佛所)하니 소위악독귀왕(所謂惡毒鬼王)과 다악귀왕(多惡鬼王)과 대쟁귀왕(大爭鬼王)과 백호귀왕(白虎鬼王)과 혈호귀왕(血虎鬼王)과

적호귀왕과 (赤虎鬼王)
낭아귀왕과 (狼牙鬼王)
주모귀왕과 (主耗鬼王)
주재귀왕과 (主財鬼王)
주매귀왕과 (主魅鬼王)
주험귀왕과 (主險鬼王)

산앙귀왕과 (散殃鬼王)
천안귀왕과 (千眼鬼王)
주화귀왕과 (主禍鬼王)
주축귀왕과 (主畜鬼王)
주산귀왕과 (主產鬼王)
삼목귀왕과 (三目鬼王)

비신귀왕과 (飛身鬼王)
담수귀왕과 (噉獸鬼王)
주복귀왕과 (主福鬼王)
주금귀왕과 (主禽鬼王)
주명귀왕과 (主命鬼王)
사목귀왕과 (四目鬼王)

전광귀왕과 (電光鬼王)
부석귀왕과 (負石鬼王)
주식귀왕과 (主食鬼王)
주수귀왕과 (主獸鬼王)
주질귀왕과 (主疾鬼王)
오목귀왕과 (五目鬼王)

기리실왕과 대기리실왕과 기리차왕과 대기리
祁利失王 大祁利失王 祁利叉王 大祁利

차왕과 아나타왕과 대아나타왕과 여시등대귀
叉王 阿那吒王 大阿那吒王 如是等大鬼

왕이 각각여백천제소귀왕으로 진거염부제하여
王 各各與百千諸小鬼王 盡居閻浮提

각유소집하며 각유소주하니 시제귀왕이 여염라
各有所執 各有所住 是諸鬼王 與閻羅

천자로 승불위신과 급지장보살마하살력하사와
天子 承佛威神 及地藏菩薩摩訶薩力

구예도리하여 재일면립이러라 이시에 염라천자호
俱詣忉利 在一面立 爾時 閻羅天子胡

궤합장하여 백불언하시되 세존이시여 아등이 금자에
跪合掌 白佛言 世尊 我等 今者

여제귀왕으로 승불위신과 급지장보살마하살력
與諸鬼王 承佛威神 及地藏菩薩摩訶薩力

하사 방득예차도리대회하시오며 역시아등이 획선
方得詣此忉利大會 亦是我等 獲善

리고이다 아금에 유소의사하와 감문세존하사옵나니
利故 我今 有小疑事 敢問世尊

유원세존이시여 자비로 위아선설하소서 불고염라
唯願世尊 慈悲 爲我宣說 佛告閻羅

천자하되 자여소문하나니 오위여설하리라 시시에
天子 恣汝所問 吾爲汝說 是時

염라천자첨례세존하시옵고 급회시지장보살하오며
閻羅天子瞻禮世尊 及迴視地藏菩薩

이백불언하시되 세존이시여 아관하오니 지장보살이
而白佛言 世尊 我觀 地藏菩薩

재육도중하사 백천방편으로 이도죄고중생하시되
在六道中 百千方便 而度罪苦衆生

불사피권하시나니 시대보살이 유여시불가사의
不辭疲倦 是大菩薩 有如是不可思議

신통지사시어늘 연제중생이 탈획죄보하였다가 미
神通之事 然諸衆生 脫獲罪報 未

구지간에 우타악도하나니 세존이시여 시지장보살
久之間 又墮惡道 世尊 是地藏菩薩

이 기유여시불가사의신력이어늘 운하중생이 이
既有如是不可思議神力 云何衆生而

불의지선도하여 영취해탈하나이까 유원세존이시여
不依止善道 永取解脫 唯願世尊

위아해설하소서 불고염라천자하시되 남염부제중
爲我解說 佛告閻羅天子 南閻浮提衆

생이 기성이 강강하여 난조난복커늘 시대보살이
生 其性剛强 難調難伏 是大菩薩

어백천겁에 두두구발여시중생하여 조령해탈케
於百千劫 頭頭救拔如是衆生 早令解脫

하며 시제죄인도 내지타대악취히 보살이 이방
是諸罪人 乃至墮大惡趣 菩薩 以方

편력으로 발출근본업연하여 이견오숙세지사케하
便力 拔出根本業緣 而遣悟宿世之事

건마는 자시염부중생이 결악습중하여 선출선입하
自是閻浮衆生 結惡習重 旋出旋入

여 노사보살하고 구경겁수하여 이작도탈케하나니
勞斯菩薩 久經劫數 而作度脫

비여유인이 미실본가하고 오입험도할새 기험도
譬如有人 迷失本家 誤入險道 其險道

중에 다제야차와 급호랑사자와 원사복갈하였더니
中 多諸夜叉 及虎狼獅子 蚖蛇蝮蠍

여시미인이 재험도중하여 수유지간에 즉조제독
如是迷人 在險道中 須臾之間 卽遭諸毒

커늘 유일지식이 다해대술하여 선금시독과 내급
有一知識 多解大術 善禁是毒 乃及

야차제악독등이러니 홀봉미인이 욕진험도어늘 이
夜叉諸惡毒等 忽逢迷人 欲進險道 而

어지언하되 돌재라 남자여 위하사고로 이입차
語之言 咄哉 男子 爲何事故 而入此

로하며 유하이술인대 능제제독이어나 시미로인이
路 有何異術 能制諸毒 是迷路人

홀문시어하고 방지험도하여 즉변퇴보하며 구출
忽聞是語 方知險道 卽便退步 求出

차로어늘 시선지식이 제휴접수하고 인출험도하여
此路 是善知識 提携接手 引出險道

면제악독하고 지우호도하여 영득안락케하고 이어
免諸惡毒 至于好道 令得安樂 而語

지언하되 돌재미인아 자금이후에 물리차도하라
之言 咄哉迷人 自今以後 勿履此道

차로입자는 졸난득출하며 부손성명하리라하거든 시
此路入者 卒難得出 復損性命 是

미로인도 역생감동하며 임별지시에 지식이 우언
迷路人 亦生感動 臨別之時 知識 又言

하되 약견지친과 급제로인이 약남약녀어든 언어
若見知親 及諸路人 若男若女 言於

차로에 다제악독일새 상실성명이라하여 무령시중
此路 多諸毒惡 喪失性命 無令是衆

으로 자취기사하라하나니 시고로 지장보살이 구대
自取其死 是故 地藏菩薩 具大

자비하여 구발죄고중생하여 욕생천인중하여 영
慈悲 救拔罪苦衆生 欲生天人中 令

수묘락커든 시제죄중이 지업도고하여 탈득출리
受妙樂 是諸罪衆 知業道苦 脫得出離

하여 영불재력하나니 여미로인이 오입험도라가 우
永不再歷 如迷路人 誤入險道 遇

선지식하여 인접령출하여 영불부입하며 봉견타인
善知識 引接令出 永不復入 逢見他人

하여 부권막입하면 자연히 인시미고로 해탈이경
復勸莫入 自然 因是迷故 解脫離竟

하며 갱불부입이라하리라 약재이천하여 유상미오
更不復入 若再履踐 猶尚迷誤

하여 불각구증소락험도하고 혹치실명하면 여타
不覺舊曾所落險道 或致失命 如墮

악취중생을 지장보살이 방편력고로 사령해탈
惡趣衆生 地藏菩薩 方便力故 使令解脫

하여 생인천중케하여도 선우재입하나니 약업결중하
生人天中 旋又再入 若業結重

면 영처지옥하여 무해탈시리라
永處地獄 無解脫時

이시에 악독귀왕이 합장공경하여 백불언하시되
爾時 惡毒鬼王 合掌恭敬 白佛言

세존이시여 아등제귀왕이 기수무량이라 재염부
世尊 我等諸鬼王 其數無量 在閻浮

제하여 혹이익인하며 혹손해인하여 각각부동은
提 或利益人 或損害人 各各不同

연시업보입니다 사아권속으로 유행세계에 다악
然是業報 使我眷屬 遊行世界 多惡

소선이라 과인가정커나 혹성읍취락장원방사에
少善 過人家庭 或城邑聚落莊園房舍

혹유남자여인이 수호발선사하되 내지현일번
或有男子女人 修毫髮善事 乃至懸一幡

일개하며 소향소화로 공양불상과 급보살상하며
一蓋 少香少華 供養佛像 及菩薩像

혹전독존경하며 소향공양일구일게라도 아등귀
或轉讀尊經 燒香供養一句一偈 我等鬼

왕이 경례시인하되 여과거현재미래제불하여 칙
王 敬禮是人 如過去現在未來諸佛 勅

제소귀에 각유대력과 급토지분하여 갱령위호
諸小鬼 各有大力 及土地分 更令衛護

하여 불령악사횡사와 악병횡병과 내지불여의
不令惡事橫事 惡病橫病 乃至不如意

사근어차사등처케하거든 하황입기문호리까
事近於此舍等處 何況入其門戶

불찬귀왕하시되 선재선재라 여등과 급여염라천
佛讚鬼王 善哉善哉 汝等 及與閻羅天

자로 능여시옹호선남자선녀인하나니 오역령어
子 能如是擁護善男子善女人 吾亦令於

범왕제석하여 위호여등하리라 설시어시에 회중에
梵王帝釋 衛護汝等 說是語時 會中

유일귀왕하니 명왈주명이라 백불언하시되 세존
有一鬼王 名曰主命 白佛言 世尊

이시여 아본업연으로 주기염부제인수명하여 생
我本業緣 主其閻浮提人壽命 生

시사시를 아개주지하나니 재아본원하여는 심욕
時死時 我皆主知 在我本願 甚欲

이익이언마는 자시중생이 불회아의하여 치령생
利益 自是衆生 不會我意 致令生

사하여 구부득안케하나니 하이고오 시염부제인
死 俱不得安 何以故 是閻浮提人

의 초생지시에 불문남녀하고 장욕생시에 단작
初生之時 不問男女 將欲生時 但作

선사하여 증익사택하면 자령토지로 무량환희하여
善事 增益舍宅 自令土地 無量歡喜

옹호자모하여 득대안락하여 이익권속케하리니 혹
擁護子母 得大安樂 利益眷屬 或

이생하하여는 신물살생이어늘 취제선미하여 공급
已生下 愼勿殺生 取諸鮮味 供給

산모하며 급광취권속하여 음주식육하며 가락현
産母 及廣聚眷屬 飮酒食肉 歌樂絃

관하여 능령자모로 부득안락케하나니 하이고오
菅 能令子母 不得安樂 何以故

시산난시에 유무수악귀와 급망량정매가 욕식
是產難時 有無數惡鬼 及魍魎精魅 欲食

성혈커든 시아조령사택토지영기로 하호자모
腥血 是我早令舍宅土地靈祇 荷護子母

하여 사령안락하여 이득이익케하니 여시지인이
使令安樂 而得利益 如是之人

견안락고로 변합설복하여 답제토지어늘 번위
見安樂故 便合設福 答諸土地 翻爲

살생하여 집취권속할새 이시지고로 범앙자수
殺生 集聚眷屬 以是之故 犯殃自受

하여 자모구손케하나이다 우염부제임명종인을 불
子母俱損 又閻浮提臨命終人 不

락악도케하 문선악하고 아욕령시명종지인으로 불락악도케하
問善惡 我欲令是命終之人 不落惡道

거든 하황자수선근하여 증아력고리까 시염부제
何況自修善根 增我力故 是閻浮提

행선지인이 임명종시에도 역유백천악독귀신이
行善之人 臨命終時 亦有百千惡毒鬼神

혹변작부모하며 내지제권속하여 인접망인하여 영
或變作父母 乃至諸眷屬 引接亡人 令

락악도케하나니 하황본조악자리까 세존이시여 여시
落惡道 何況本造惡者 世尊 如是

염부제남자여인이 임명종시에 신식이 혼미하여
閻浮提男子女人 臨命終時 神識 昏迷

불변선악하며 내지안이히 갱무견문커든 시제권
不辨善惡 乃至眼耳 更無見聞 是諸眷

속이 당수설대공양하며 전독존경하여 염불보살
屬 當須設大供養 轉讀尊經 念佛菩薩

명호하면 여시선연으로 능령망자로 이제악도하고
名號 如是善緣 能令亡者 離諸惡道

제마귀신이 실개퇴산하리다 세존이시여 일체중생
諸魔鬼神 悉皆退散 世尊 一切衆生

이 임명종시에 약득문일불명커나 일보살명하며
臨命終時 若得聞一佛名 一菩薩名

혹대승경전일구일게하면 아관여시배인은 제
或大乘經典一句一偈 我觀如是輩人 除
오무간살생지죄하며 소소악업으로 합타악취자
五無間殺生之罪 小小惡業 合墮惡趣者
라도 심즉해탈하리다 불고주명귀왕하시되 여대자
尋卽解脫 佛告主命鬼王 汝大慈
고로 능발여시대원하여 어생사중에 호제중생하
故 能發如是大願 於生死中 護諸衆生
나니 약미래세중에 유남자여인이 지생사시어든
若未來世中 有男子女人 至生死時
여막퇴시원하고 총령해탈하여 영득안락케하라
汝莫退是願 總令解脫 令得安樂

귀왕이 백불언하되 원불유려하소서 아필시형토록
鬼王 白佛言 願不有慮 我畢是形

염념옹호염부중생하여 생시사시에 구득안락케
念念擁護閻浮衆生 生時死時 俱得安樂

하려니와 단원제중생이 어생사시에 신수아어하여
但願諸衆生 於生死時 信受我語

무불해탈하여 획대이익이니다 이시에 불고지장
無不解脫 獲大利益 爾時 佛告地藏

보살하시되 시대귀왕주수명자는 이증경백천생
菩薩 是大鬼王主壽命者 已曾經百千生

중하여 작대귀왕하여 어생사중에 옹호중생하나니
中 作大鬼王 於生死中 擁護衆生

여시대사자비원고로 현대귀왕신이언정 실비귀
如是大士慈悲願故 現大鬼王身 實非鬼

야라 각후과일백칠십겁하여 당득성불하리니 호
也 却後過一百七十劫 當得成佛 號

왈무상여래며 겁명은 안락이요 세계명은 정주라
曰無相如來 劫名 安樂 世界名 淨住

기불수명은 불가계겁이니라 지장보살아 시대귀
其佛壽命 不可計劫 地藏菩薩 是大鬼

왕의 기사여시하여 불가사의며 소도천인도 역
王 其事如是 不可思議 所度天人 亦

불가한량이니라
不可限量

제구 칭불명호품
第九 稱佛名號品

이시에 지장보살마하살이 백불언하시되 세존
爾時 地藏菩薩摩訶薩 白佛言 世尊

이시여 아금에 위미래중생하여 연이익사하여 어생
我今 爲未來衆生 演利益事 於生

사중에 득대이익케하나니 유원세존은 청아설지하
死中 得大利益 唯願世尊 聽我說之

소서 불고지장보살하시되 여금에 욕흥자비하여 구
佛告地藏菩薩 汝今 欲興慈悲 救

발일체죄고육도중생하려하여 연부사의사라하니
拔一切罪苦六道衆生 演不思議事

금정시시라 유당속설하라 오즉열반하여 사여로
今正是時 唯當速說 吾卽涅槃 使汝

조필시원하며 오역무우현재미래일체중생하리라
早畢是願 吾亦無憂現在未來一切衆生

지장보살이 백불언하시되 세존이시여 과거무량아
地藏菩薩 白佛言 世尊 過去無量阿

승지겁에 유불출세하시니 호는 무변신여래시라
僧祇劫 有佛出世 號 無邊身如來

약유남자여인이 문시불명하고 잠생공경하면 즉
若有男子女人 聞是佛名 暫生恭敬 卽

득초월사십겁생사중죄어든 하황소화형상하여
得超越四十劫生死重罪 何況塑畵形像

공양찬탄하면 기인획복이 무량무변하리라 우어
供養讚歎 其人獲福 無量無邊 又於

과거항하사겁에 유불출세하시니 호는 보승여래
過去恒河沙劫 有佛出世 號 寶勝如來

시라 약유남자여인이 문시불명하고 일탄지경이나
若有男子女人 聞是佛名 一彈指頃

발심귀의하면 시인은 어무상도에 영불퇴전하리다
發心歸依 是人 於無上道 永不退轉

우어과거에 유불출세하시니 호는 파두마승여래
又於過去 有佛出世 號 波頭摩勝如來

시라 약유남자여인이 문시불명하고 역어이근하면
若有男子女人 聞是佛名 歷於耳根

시인은 당득천반을 생어육욕천중하리니 하황지
是人 當得千返 生於六欲天中 何況至

심칭념이리까 우어과거불가설불가설아승지겁에
心稱念 又於過去不可說不可說阿僧祇劫

유불출세하시니 호는 사자후여래시라 약유남자
有佛出世 號 獅子吼如來 若有男子

여인이 문시불명하고 일념귀의하면 시인은 득우
女人 聞是佛名 一念歸依 是人 得遇

무량제불하여 마정수기하리다 우어과거에 유불
無量諸佛 摩頂受記 又於過去 有佛

출세하시니 호는 구유손불이시다 약유남자여인이
出世 號 狗留孫佛 若有男子女人

문시불명하고 지심첨례커나 혹부찬탄하면 시인은
聞是佛名 至心瞻禮 或復讚歎 是人

어현겁천불회중에 위대범왕하여 득수상기하리다
於賢劫千佛會中 爲大梵王 得授上記

우어과거에 유불출세하시니 호는 비바시불이시라
又於過去 有佛出世 號 毗婆尸佛

약유남자여인이 문시불명하면 영불타어악도하고
若有男子女人 聞是佛名 永不墮於惡道

상생인천하여 수승묘락하리다 우어과거무량무수
常生人天 受勝妙樂 又於過去無量無數

항하사겁에 유불출세하시니 호는 다보여래시니 약
恒河沙劫 有佛出世 號 多寶如來 若

유남자여인이 문시불명하면 필경불타악도하고
有男子女人 聞是佛名 畢竟不墮惡道

상재천상하여 수승묘락하리다 우어과거에 유불출
常在天上 受勝妙樂 又於過去 有佛出

세하시니 호는 보상여래시라 약유남자여인이 문
世 號 寶相如來 若有男子女人 聞

시불명하고 생공경심하면 시인은 불구에 득아라
是佛名 生恭敬心 是人 不久 得阿羅

한과하리다 우어과거무량아승지겁에 유불출세
漢果 又於過去無量阿僧祇劫 有佛出世

하시니 호는 가사당여래시라 약유남자여인이 문
號 袈裟幢如來 若有男子女人 聞

시불명하면 초일백대겁생사지죄하리다 우어과거
是佛名 超一百大劫生死之罪 又於過去

에 유불출세하시니 호는 대통산왕여래시라 약유
有佛出世 號 大通山王如來 若有

남자여인이 문시불명자는 시인이 득우항하사
男子女人 聞是佛名者 是人 得遇恒河沙

불하사 광위설법하면 필성보리하리다 우어과거에
佛 廣爲說法 必成菩提 又於過去

유정월불과 산왕불과 지승불과 정명왕불과 지
有淨月佛 山王佛 智勝佛 淨名王佛 智

성취불과 무상불과 묘성불과 만월불과 월면불인
成就佛 無上佛 妙聲佛 滿月佛 月面佛

유여시등불가설불이러시니 세존이시여 현재미래
有如是等不可說佛 世尊 現在未來

일체중생의 약천약인과 약남약녀로 단념득일
一切衆生 若天若人 若男若女 但念得一

불명호하여도 공덕이 무량이어든 하황다명이리까
佛名號 功德 無量 何況多名

시중생등은 생시사시에 자득대리하여 종불타악
是衆生等 生時死時 自得大利 終不墮惡

도하리다 약유임명종인의 가중권속이 내지일인
道 若有臨命終人 家中眷屬 乃至一人

이나 위시병인하여 고성으로 염일불명하면 시명종
爲是病人 高聲 念一佛名 是命終

인이 제오무간대죄하고 여업보등을 실득소멸하
人 除五無間大罪 餘業報等 悉得消滅

리니 시오무간대죄가 수지극중하여 동경억겁하여
是五無間大罪 雖至極重 動經億劫

요부득출이건마는 승사임명종시에 타인이 위기
了不得出 承斯臨命終時 他人 爲其

칭염불명하야 어시죄중도 역점소멸이어든 하황
稱念佛名 於是罪中 亦漸消滅 何況

중생의 자칭자념이리까 획복무량하고 멸무량죄
衆生 自稱自念 獲福無量 滅無量罪

하리이다

제십 교량보시공덕연품
第十 校量布施功德緣品

이시에 지장보살마하살이 승불위신하사 종
爾時 地藏菩薩摩訶薩 承佛威神 從

좌이기하여 호궤합장하고 백불언하시되 세존이시여
座而起 胡跪合掌 白佛言 世尊

아관업도중생하여 교량보시컨대 유경유중하여
我觀業道衆生 校量布施 有輕有重

유일생수복하며 유십생수복하며 유백생천생에
有一生受福 有十生受福 有百生千生

수대복리자하니 시사운하니까 유원세존이시여 위
受大福利者 是事云何 唯願世尊 爲

아설지하소서 이시에 불고지장보살하시되 오금어
我說之 爾時 佛告地藏菩薩 吾今於

도리천궁일체중회에 설염부제보시교량공덕
忉利天宮一切衆會 說閻浮提布施校量功德

경중하니 여당체청하라 오위여설하리라 지장이 백
輕重 汝當諦聽 吾爲汝說 地藏 白

불언하시되 아의시사하니 원요욕문하나이다 불고지
佛言 我疑是事 願樂欲聞 佛告地

장보살하시되 남염부제에 유제국왕과 재보대신
藏菩薩 南閻浮提 有諸國王 宰輔大臣

과 대장자와 대찰리와 대바라문등이 약우최하
大長者 大刹利 大婆羅門等 若遇最下

빈궁이어나 내지융잔암아농치무목인 여시종종
貧窮 乃至癃殘瘖瘂聾癡無目 如是種種

불완구자하여 시대국왕등이 욕보시시에 약능
不完具者 是大國王等 欲布施時 若能

구대자비하여 하심함소하여 친수편보시이나 혹
具大慈悲 下心含笑 親手遍布施 或

사인시하여 연언위유하면 시국왕등의 소획복리
使人施 軟言慰喻 是國王等 所獲福利

는 여보시백항하사불공덕지리하니라 하이고오
如布施百恒河沙佛功德之利 何以故

연시국왕등이 어시최빈천배와 급불완구자에
緣是國王等 於是最貧賤輩 及不完具者

발대자비심일새 시고로 복리유여차보하여 백천
發大慈悲心 是故 福利有如此報 百千

생중에 상득칠보구족하리니 하황의식수용이리오
生中 常得七寶具足 何況衣食受用

부차지장아 약미래세에 유제국왕지바라문등
復次地藏 若未來世 有諸國王至婆羅門等

이 우불탑사어나 혹불형상이어나 내지보살성문
遇佛塔寺 或佛形像 乃至菩薩聲聞

벽지불등상하여 궁자영판하여 공양보시하면 시
辟支佛等像 躬自營辦 供養布施 是

국왕등이 당득삼겁에 위제석신하여 수승묘락하
國王等 當得三劫 爲帝釋身 受勝妙樂

리니 약능이차보시복리로 회향법계하면 시대국
若能以此布施福利 迴向法界 是大國

왕등이 어십겁중에 상위대범천왕하리라 부차지
王等 於十劫中 常爲大梵天王 復次地

장아 약미래세에 유제국왕지바라문등이 우선
藏 若未來世 有諸國王至婆羅門等 遇先

불탑묘어나 혹지경상이 훼괴파락하여 내능발심
佛塔廟 或至經像 毁壞破落 乃能發心

수보하되 시국왕등이 혹자영판커나 혹권타인하되
修補 是國王等 或自營辦 或勸他人

내지백천인등하여 보시결연하면 시국왕등이 백
乃至百千人等 布施結緣 是國王等 百

천생중에 상위전륜왕신이요 여시타인의 동보시
千生中 常爲轉輪王身 如是他人 同布施

자는 백천생중에 상위소국왕신하리며 갱능어탑
者 百千生中 常爲小國王身 更能於塔

묘전에 발회향심하면 여시국왕과 내급제인이
廟前 發廻向心 如是國王 乃及諸人

진성불도하리니 이차과보는 무량무변일새니라
盡成佛道 以此果報 無量無邊

부차지장아 미래세중에 유제국왕과 급바라문
復次地藏 未來世中 有諸國王 及婆羅門

등이 견제노병과 급생산부녀하고 약일념간이나
等 見諸老病 及生産婦女 若一念間

구대자심하여 보시의약과 음식와구하여 사령안
具大慈心 布施醫藥 飮食臥具 使令安

락하면 여시복리는 최부사의라 일백겁중에 상
樂 如是福利 最不思議 一百劫中 常

위정거천주하며 이백겁중에 상위육욕천주하고
爲淨居天主 二百劫中 常爲六欲天主

필경성불하여 영불타악도하며 내지백천생중에
畢竟成佛 永不墮惡道 乃至百千生中

이불문고성하리라 부차지장아 약미래세중에 유
耳不聞苦聲 復次地藏 若未來世中 有

제국왕과 급바라문등이 능작여시보시하면 획
諸國王 及婆羅門等 能作如是布施 獲

복무량하고 갱능회향하면 불문다소하고 필경성
福無量 更能迴向 不問多少 畢竟成

불하리니 하황석범전륜지보이리오 시고로 지장이
佛 何況釋梵轉輪之報 是故 地藏

보권중생하여 당여시학케하라 부차지장아 미래
普勸衆生 當如是學 復次地藏 未來

세중에 약선남자선녀인이 어불법중에 종소선
世中 若善男子善女人 於佛法中 種少善

근을 모발사진등허라도 소수복리는 불가위유
根 毛髮沙塵等許 所受福利 不可爲喩

니라 부차지장아 미래세중에 약유선남자선여
復次地藏 未來世中 若有善男子善女

인이 우불형상과 보살형상과 벽지불형상과 전
人 遇佛形像 菩薩形像 辟支佛形像 轉

륜왕형상하여 보시공양하면 득무량복이요 상재
輪王形像 布施供養 得無量福 常在

인천하여 수승묘락하리니 약능회향법계하면 시
人天 受勝妙樂 若能迴向法界 是

인복리는 불가위유니라 부차지장이 미래세중
人福利 不可爲喩 復次地藏 未來世中

에 약유선남자선여인이 우대승경전하여 혹청
若有善男子善女人 遇大乘經典 或聽

문일게일구하고 발은중심하여 찬탄공경하며 보
聞一偈一句 發殷重心 讚歎恭敬 布

시공양하면 시인은 획대과보를 무량무변하리니
施供養 是人 獲大果報 無量無邊

약능회향법계하면 기복은 불가위유리라 부차지
若能廻向法界 其福 不可爲喩 復次地

장아 약미래세중에 유선남자선녀인이 우불탑
藏 若未來世中 有善男子善女人 遇佛塔

사와 대승경전하여 신자는 보시공양하며 첨례
寺 大乘經典 新者 布施供養 瞻禮

찬탄하며 공경합장하고 약우고자어나 혹훼괴자
讚歎 恭敬合掌 若遇故者 或毁壞者

어든 수보영리하되 혹독발심하며 혹권다인하여 동
修補營理 或獨發心 或勸多人 同

공발심하면 여시등배는 삼십생중에 상위제소
共發心 如是等輩 三十生中 常爲諸小

국왕하고 단월지인은 상위륜왕하여 환이선법으로
國王 檀越之人 常爲輪王 還以善法

교화제소국왕하리라 부차지장아 미래세중에 약
敎化諸小國王 復次地藏 未來世中 若

유선남자선녀인이 어불법중에 소종선근하되 혹
有善男子善女人 於佛法中 所種善根 或

보시공양하며 혹수보탑사하며 혹장리경전하되
布施供養 或修補塔寺 或裝理經典

내지일모일진과 일사일제일지라도 여시선사를
乃至一毛一塵 一沙一渧 如是善事

단능회향법계하면 시인공덕은 백천생중에 수
但能迴向法界 是人功德 百千生中 受

상묘락하리니 여단회향자가권속이어나 혹자신이
上妙樂 如但迴向自家眷屬 或自身利

익하면 여시지과는 즉삼생락이라 사일득만보리
益 如是之果 卽三生樂 捨一得萬報

니 시고로 지장아 보시인연이 기사여시니라
是故 地藏 布施因緣 其事如是

제십일 지신호법품
第十一 地神護法品

이시에 견뢰지신이 백불언하시되 세존이시여 아
爾時 堅牢地神 白佛言 世尊 我

종석래로 첨앙정례무량보살마하살하니 개시대
從昔來 瞻仰頂禮無量菩薩摩訶薩 皆是大

불가사의인 신통지혜로 광도중생이언마는 시지장
不可思議 神通智慧 廣度衆生 是地藏

보살마하살은 어제보살보다 서원이 심중하나이다
菩薩摩訶薩 於諸菩薩 誓願 深重

세존이시여 시지장보살이 어염부제에 유대인연
世尊 是地藏菩薩 於閻浮提 有大因緣

하시니 여문수보현관음미륵도 역화백천신형하여
如文殊普賢觀音彌勒 亦化百千身形

도어육도하시되 기원이 상유필경이어니와 시지장
度於六道 其願 尙有畢竟 是地藏

보살은 교화육도일체중생하시되 소발서원겁수
菩薩 敎化六道一切衆生 所發誓願劫數

는 여천백억항하사니라 세존이시여 아관하오니 미
如千百億恒河沙 世尊 我觀 未

래급현재중생이 어소주처이나 어남방청결지
來及現在衆生 於所住處 於南方淸潔之

지에 이토석죽목으로 작기감실하고 시중에 능
地 以土石竹木 作其龕室 是中 能

소화하되 내지금은동철로 작지장형상하고 소향
塑畫 乃至金銀銅鐵 作地藏形像 燒香

공양하며 첨례찬탄하면 시인거처에 즉득십종이
供養 瞻禮讚歎 是人居處 卽得十種利

익하리니 하등이 위십고 일자는 토지풍양이요
益 何等 爲十 一者 土地豊穰

이자는 가택영안이요 삼자는 선망생천이요 사자
二者 家宅永安 三者 先亡生天 四者

는 현존익수요 오자는 구자수의요 육자는 무수
現存益壽 五者 求者遂意 六者 無水

화재요 칠자는 허모벽제요 팔자는 두절악몽이요
火災 七者 虛耗辟除 八者 杜絶惡夢

구자는 출입신호요 십자는 다우성인이니다 세존
九者 出入神護 十者 多遇聖因 世尊

이시여 미래세중과 급현재중생이 약능어소주처
未來世中 及現在衆生 若能於所住處

방면에 작여시공양하면 득여시이익하리다
方面 作如是供養 得如是利益

견뢰지신이 부백불언하사되 세존이시여 미래세중
堅牢地神 復白佛言 世尊 未來世中

에 약유선남자선녀인이 어소주처에 견차경전
若有善男子善女人 於所住處 見此經典

과 급보살상하고 시인이 갱능전독경전하며 공양
及菩薩像 是人 更能轉讀經典 供養

보살하면 아상일야에 이본신력으로 위호시인하여
菩薩 我常日夜 以本神力 衛護是人

내지수화도적이며 대횡소횡이며 일체악사를 실
乃至水火盜賊 大橫小橫， 一切惡事 悉

개소멸케하리다
皆消滅

불고지신하시되 견뢰야 여의 대신력은 제신의 소
佛告地神 堅牢 汝 大神力 諸神 少

급이니 하이고오 염부토지실몽여호하며 내지초
及 何以故 閻浮土地悉蒙汝護 乃至草

목사석과 도마죽위와 곡미보패히 종지이유는
木沙石 稻麻竹葦 穀米寶貝 從地而有

개인여력이어늘 우당칭양지장보살이익지사하나
皆因汝力 又當稱揚地藏菩薩利益之事

니 **여지공덕**과 **급이신통**은 **백천배어상분지신**
汝之功德 及以神通 百千倍於常分地神

하니라 **약미래세중**에 **유선남자선여인**이 **공양보**
若未來世中 有善男子善女人 供養菩

살하며 **급전독시경**하되 **단의지장본원경**하여 **일**
薩 及轉讀是經 但依地藏本願經 一

사수행자라도 **여이본신력**으로 **이옹호지**하여 **물**
事修行者 汝以本神力 而擁護之 勿

령일체재해와 **급불여의사첩문어이**어든 **하황령**
令一切災害 及不如意事輒聞於耳 何況令

수이리오 **비단여독호시인고**하고 **역유석범권속**과
受 非但汝獨護是人故 亦有釋梵眷屬

제천권속이 옹호시인하리니 하고로 득여시성현
諸天眷屬 擁護是人 何故 得如是聖賢

의 옹호어뇨 개유첨례지장형상하며 급전독시
擁護 皆由瞻禮地藏形像 及轉讀是

본원경고로 자연필경에 출리고해하여 증열반
本願經故 自然畢竟 出離苦海 證涅槃

락하리니 이시지고로 득대옹호하나니라
樂 以是之故 得大擁護

제십이 견문이익품
第十二 見聞利益品

이시에 세존이 종정문상하사 방백천만억대호
爾時 世尊 從頂門上 放百千萬億大毫

상광하시니 소위백호상광과 대백호상광이며 서
相光 所謂白毫相光 大白毫相光 瑞

호상광과 대서호상광이며 옥호상광과 대옥호상
毫相光 大瑞毫相光 玉毫相光 大玉毫相

광이며 자호상광과 대자호상광이며 청호상광과
光 紫毫相光 大紫毫相光 青毫相光

대청호상광이며 벽호상광과 대벽호상광이며 홍
大青毫相光 碧毫相光 大碧毫相光 紅

호상광과 대홍호상광이며 녹호상광과 대녹호상
毫相光 大紅毫相光 綠毫相光 大綠毫相

광(光)이며 금호상광(金毫相光)과 대금호상광(大金毫相光)이며 경운호상광(慶雲毫相光)
과 대경운호상광(大慶雲毫相光)이며 천륜호광(千輪毫光)과 대천륜호광(大千輪毫光)이
며 보륜호광(寶輪毫光)과 대보륜호광(大寶輪毫光)이며 일륜호광(日輪毫光)과 대(大)
일륜호광(日輪毫光)이며 월륜호광(月輪毫光)과 대월륜호광(大月輪毫光)이며 궁전(宮殿)
호광(毫光)과 대궁전호광(大宮殿毫光)이며 해운호광(海雲毫光)과 대해운호광(大海雲毫光)
이니라 어정문상(於頂門上)에 방여시등호상광(放如是等毫相光)이하시고(已) 출미(出微)

묘음하사 고제대중과 천룡팔부인비인등하시되 청
妙音 告諸大衆 天龍八部人非人等 聽

오금일에 어도리천궁에 칭양찬탄지장보살의
吾今日 於忉利天宮 稱揚讚歎地藏菩薩

어인천중에 이익등사와 부사의사와 초성인사
於人天中 利益等事 不思議事 超聖因事

와 증십지사와 필경불퇴아뇩다라삼먁삼보리
證十地事 畢竟不退阿耨多羅三藐三菩提

사하라 설시어시에 회중에 유일보살마하살하시니
事 說是語時 會中 有一菩薩摩訶薩

명은 관세음이라 종좌이기하사 호궤합장하여 백
名 觀世音 從座而起 胡跪合掌 白

불언하시되 세존이시여 시지장보살마하살이 구대
佛言 世尊 是地藏菩薩摩訶薩 具大

자비하사 연민죄고중생하여 어천만억세계에 화
慈悲 憐愍罪苦衆生 於千萬億世界 化

천만억신하사 소유공덕과 급부사의위신지력을
千萬億身 所有功德 及不思議威神之力

아이문세존이 여시방무량제불과 이구동음으로
我已聞世尊 與十方無量諸佛 異口同音

찬탄지장보살하시오니 운하사과거현재미래제불
讚歎地藏菩薩 云何使過去現在未來諸佛

이 설기공덕하여도 유불능진이니까 향자에 우몽세
說其功德 猶不能盡 向者 又蒙世

존이 보고대중하시되 욕칭양지장이익등사하시오니
尊 普告大衆 欲稱揚地藏利益等事

유원세존이시여 위현재미래일체중생하사 칭양지
唯願世尊 爲現在未來一切衆生 稱揚地

장부사의사하시어 영천룡팔부로 첨례획복케하소서
藏不思議事 令天龍八部 瞻禮獲福

불고관세음보살하시되 여어사바세계에 유대인
佛告觀世音菩薩 汝於娑婆世界 有大因

연하여 약천약룡과 약남약녀와 약신약귀와 내
緣 若天若龍 若男若女 若神若鬼 乃

지육도죄고중생이 문여명자와 견여형자와 연
至六道罪苦衆生 聞汝名者 見汝形者 戀

모여자와 찬탄여자인 시제중생이 실어무상도
慕汝者 讚歎汝者 是諸衆生 悉於無上道

에 필불퇴전하여 상생인천하여 구수묘락하여 인
必不退轉 常生人天 具受妙樂 因

과장숙하면 우불수기하리라 여금에 구대자비하여
果將熟 遇佛授記 汝今 具大慈悲

연민중생과 급천룡팔부하여 욕청오의 선설지장
隣愍衆生 及天龍八部 欲聽吾 宣說地藏

보살부사의이익지사하니 여당체청하라 오금설
菩薩不思議利益之事 汝當諦聽 吾今說

지하리라 관세음이 언하시되 유연세존이시여 원요
之 觀世音 言 唯然世尊 願樂

욕문하나이다
欲聞

불고관세음보살하시되 미래현재제세계중에 유
佛告觀世音菩薩 未來現在諸世界中 有

천인이 수천복진하여 유오쇠상이 현하여 혹유타
天人 受天福盡 有五衰相 現 或有墮

어악도지자라도 여시천인의 약남약녀당현상
於惡道之者 如是天人 若男若女當現相

시하여 혹견지장보살형상커나 혹문지장보살명
時 或見地藏菩薩形像 或聞地藏菩薩名

하고 일첨일례하면 시제천인이 전증천복하여 수
一瞻一禮 是諸天人 轉增天福 受

대쾌락하고 영불타삼악도보하리라 하황견문보
大快樂 永不墮三惡道報 何況見聞菩

살하고 이제향화의복음식과 보패영락으로 보
薩 以諸香華衣服飮食 寶貝瓔珞 布

시공양하면 소획공덕복리는 무량무변하리라
施供養 所獲功德福利 無量無邊

부차관세음아 약미래현재제세계중에 육도중생
復次觀世音 若未來現在諸世界中 六道衆生

이 임명종시에 득문지장보살명하되 일성이나 역
臨命終時 得聞地藏菩薩名 一聲 歷

이근자는 시제중생이 영불력삼악도고하리니 하
耳根者 是諸衆生 永不歷三惡道苦 何

황임명종시에 부모권속이 장시명종인의 사택
況臨命終時 父母眷屬 將是命終人 舍宅

재물과 보패의복으로 소화지장형상커나 혹사병
財物 寶貝衣服 塑畫地藏形像 或使病

인미종지시에 혹안이견문하여 지도권속이 장사
人未終之時 或眼耳見聞 知道眷屬 將舍

택보패등하여 위기자신하여 소화지장보살형상
宅寶貝等 爲其自身 塑畫地藏菩薩形像

하면 시인이 약시업보로 합수중병자라도 승사공
是人 若是業報 合受重病者 承斯功

덕하여 심즉제유하고 수명이 증익하며 시인이 약
德 尋卽除愈 壽命 增益 是人 若

시업보명진하여 응유일체죄장업장으로 합타악
是業報命盡 應有一切罪障業障 合墮惡

취자라도 승사공덕하여 명종지후에 즉생인천하
趣者 承斯功德 命終之後 卽生人天

여 수승묘락하고 일체죄장은 실개소멸하리라 부
受勝妙樂 一切罪障 悉皆消滅 復

차관세음보살아 약미래세에 유남자녀인이 혹
次觀世音菩薩 若未來世 有男子女人 或

유포시어나 혹삼세오세와 십세이하에 망실부
乳哺時 或三歲五歲 十歲已下 亡失父

모커나 내급망실형제자매하고 시인이 연기장대
母 乃及亡失兄弟姉妹 是人 年旣長大

하여 사억부모와 급제권속하여 부지락재하취하며

思憶父母 及諸眷屬 不知落在何趣

생하세계하며 생하천중인가하여 시인이 약능소화

生何世界 生何天中 是人 若能塑畵

지장보살형상커나 내지문명하고 일첨일례커나 일

地藏菩薩形像 乃至聞名 一瞻一禮 一

일지칠일히 막퇴초심하고 문명견형하고 첨례공

日至七日 莫退初心 聞名見形 瞻禮供

양하면 시인권속이 가인업고로 타악취자계당겁

養 是人眷屬 假因業故 墮惡趣者計當劫

수라도 승사남녀형제자매소화지장형상하여 첨

數 承斯男女兄弟姉妹塑畵地藏形像 瞻

례공덕으로 심즉해탈하고 생인천중하여 수승묘
禮功德 尋卽解脫 生人天中 受勝妙
락자하리며 시인의 권속이 여유복력하여 이생인천
樂者 是人 眷屬 如有福力 已生人天
하여 수승묘락자는 즉승사공덕하여 전증성인하고
受勝妙樂者 卽承斯功德 轉增聖因
수무량락하리니 시인이 갱능삼칠일중에 일심첨
受無量樂 是人 更能三七日中 一心瞻
례지장보살형상하여 염기명자하되 만어만편하면
禮地藏菩薩形像 念其名字 滿於萬遍
당득보살이 현무변신하여 구고시인권속의 생
當得菩薩 現無邊身 具告是人眷屬 生

계하리며 혹어몽중에 보살이 현대신력하여 친령
界 或於夢中 菩薩 現大神力 親領

시인하여 어제세계에 견제권속하리며 갱능매일에
是人 於諸世界 見諸眷屬 更能每日

염보살명천편하여 지우천일하면 시인은 당득보
念菩薩名千遍 至于千日 是人 當得菩

살이 견이니 소재토지귀신하여 종신위호하며 현
薩 遣 所在土地鬼神 終身衛護 現

세에 의식이 풍일하고 무제질고하며 내지횡사를
世 衣食 豊溢 無諸疾苦 乃至橫事

불입기문케하거든 하황급신이리오 시인이 필경에
不入其門 何況及身 是人 畢竟

득보살의 마정수기하리라
得菩薩 摩頂授記

부차관세음보살아 약미래세에 유선남자선녀
復次觀世音菩薩 若未來世 有善男子善女

인이 욕발광대자심하여 구도일체중생자와 욕
人 欲發廣大慈心 救度一切衆生者 欲

수무상보리자와 욕출이삼계자는 시제인등이
修無上菩提者 欲出離三界者 是諸人等

견지장형상하며 급문명자지심귀의커나 혹이향
見地藏形像 及聞名者至心歸依 或以香

화의복과 보패음식으로 공양첨례하면 시선남녀
華衣服 寶貝飮食 供養瞻禮 是善男女

등의 소원이 속성하여 영무장애하리라
等 所願 速成 永無障碍

부차관세음아 약미래세에 유선남자선녀인이
復次觀世音 若未來世 有善男子善女人

욕구현재미래백천만억등원과 백천만억등사
欲求現在未來百千萬億等願 百千萬億等事

어든 단당귀의첨례공양찬탄 지장보살형상하면
但當歸依瞻禮供養讚歎 地藏菩薩形像

여시소원소구를 실개성취하리며 부원지장보살
如是所願所求 悉皆成就 復願地藏菩薩

이 구대자비하사 영옹호아면 시인이 어면몽중에
具大慈悲 永擁護我 是人 於眠夢中

즉득보살의 마정수기하리라
卽得菩薩 摩頂授記

부차관세음보살아 약미래세에 선남자선녀인
復次觀世音菩薩 若未來世 善男子善女人

이 어대승경전에 심생진중하여 발부사의심하여
於大乘經典 深生珍重 發不思議心

욕독욕송하며 종우명사하여 교시령숙하여도 선득
欲讀欲誦 縱遇明師 敎示令熟 旋得

선망하여 동경년월하되 불능독송하나니 시선남녀
旋忘 動經年月 不能讀誦 是善男女

등이 유숙업장하여 미득소제고로 어대승경전에
等 有夙業障 未得消除故 於大乘經典

무독송성하니 여시지인이 문지장보살명하며 견
無讀誦性 如是之人 聞地藏菩薩名 見

지장보살상하고 구이본심으로 공경진백하며 갱
地藏菩薩像 具以本心 恭敬陳白 更

이향화의복음식과 일체완구로 공양보살하고 이
以香華衣服飮食 一切玩具 供養菩薩 以

정수일잔으로 경일일일야하여 안보살전연후에
淨水一盞 經一日一夜 安菩薩前然後

합장청복하되 회수향남하고 임입구시에 지심정
合掌請服 廻首向南 臨入口時 至心鄭

중하여 복수기필하고 신오신주육과 사음망어와
重 服水旣畢 愼五辛酒肉 邪淫妄語

급제살생을 일칠일혹삼칠일하면 시선남자선녀
及諸殺生 一七日或三七日 是善男子善女

인이 어수몽중에 구견지장보살이 현무변신하여
人 於睡夢中 具見地藏菩薩 現無邊身

어시인처에 수관정수하리니 기인이 몽각하면 즉
於是人處 授灌頂水 其人 夢覺 卽

획총명하여 응시경전을 일력이근하면 즉당영기
獲聰明 應是經典 一歷耳根 卽當永記

하여 갱불망실일구일게하리라 부차관세음보살아
更不忘失一句一偈 復次觀世音菩薩

약미래세에 유제인등이 의식이 부족하여 구자괴
若未來世 有諸人等 衣食 不足 求者乖

원하며 혹다질병하며 혹다흉쇠하여 가택이 불안
願 或多疾病 或多凶衰 家宅不安

하고 권속이 분산하며 혹제횡사다래오신하고 수몽
眷屬 分散 或諸橫事多來忤身 睡夢

지간에 다유경포어든 여시인등이 문지장명커나
之間 多有驚怖 如是人等 聞地藏名

견지장형하고 지심공경하여 염만만편하면 시제
見地藏形 至心恭敬 念滿萬遍 是諸

불여의사점점소멸하여 즉득안락하고 의식이 풍
不如意事漸漸消滅 卽得安樂 衣食豊

일하며 내지어수몽중에도 실개안락하리라
溢 乃至於睡夢中 悉皆安樂

부차관세음보살아 약미래세에 유선남자선녀
復次觀世音菩薩 若未來世 有善男子善女

인이 혹인치생하며 혹인공사하며 혹인생사하며
人 或因治生 或因公私 或因生死

혹인급사하여 입산림중커나 과도하해와 내급대
或因急事 入山林中 過渡河海 乃及大

수커나 혹경험도할새 시인이 선당념지장보살명
水 或經險道 是人 先當念地藏菩薩名

만편하면 소과토지귀신이 위호하여 행주좌와에
萬遍 所過土地鬼神 衛護 行住坐臥

영보안락하며 내지봉어호랑사자와 일체독해하여
永保安樂 乃至逢於虎狼獅子 一切毒害

도 불능손지하리라 불고관세음보살하시되 시지장
不能損之 佛告觀世音菩薩 是地藏

보살이 어염부제에 유대인연하니 약설어제중생
菩薩 於閻浮提 有大因緣 若說於諸衆生

에 견문이익등사인대 백천겁중에 설불능진하리라
見聞利益等事 百千劫中 說不能盡

시고로 관세음아 여이신력으로 유포시경하여
是故 觀世音 汝以神力 流布是經

영사바세계중생으로 백천만겁에 영수안락케하라
令娑婆世界衆生 百千萬劫 永受安樂

이시세존이 이설게언하시되
爾時世尊 而說偈言

오관지장위신력하니 항하사겁설난진이로다
吾觀地藏威神力 恒河沙劫說難盡

견문첨례일념간하면 이익인천무량사하리라
見聞瞻禮一念間 利益人天無量事

약남약녀약용신이 보진응당타악도라도
若男若女若龍神 報盡應當墮惡道

지심귀의대사신하면 수명전증제죄장하리라
至心歸依大士身 壽命轉增除罪障

소실부모은애자하고 미지혼신재하취하며
少失父母恩愛者 未知魂神在何趣

형제자매급제친을 생장이래개불식하여
兄弟姉妹及諸親 生長以來皆不識

혹소혹화대사신하고
或塑或畵大士身

비련첨례불잠사하여
悲戀瞻禮不暫捨

삼칠일중염기명하면
三七日中念其名

보살당현무변체하여
菩薩當現無邊體

시기권속소생계하고
示其眷屬所生界

종타악취심출리하며
縱墮惡趣尋出離

약능불퇴시초심하면
若能不退是初心

즉획마정수성기하리라
卽獲摩頂授聖記

욕수무상보리자와
欲修無上菩提者

내지출리삼계고인댄
乃至出離三界苦

시인기발대비심하여
是人旣發大悲心

선당첨례대사상하면
先當瞻禮大士像

일체제원속성취하여
一切諸願速成就
영무업장능차지하리라
永無業障能遮止

유인발심염경전하여
有人發心念經典
욕도군미초피안할새
欲度群迷超彼岸

수립시원부사의하여도
雖立是願不思議
선독선망다폐실은
旋讀旋忘多廢失

사인유업장혹고로
斯人有業障惑故
어대승경불능기하나니
於大乘經不能記

공양지장이향화와
供養地藏以香華
의복음식제완구하고
衣服飮食諸玩具

이정수안대사전하여
以淨水安大士前
일일일야구복지하되
一日一夜求服之

발은중심신오신과
發殷重心愼五辛
주육사음급망어하며
酒肉邪淫及妄語

삼칠일내물살해하고
三七日內勿殺害
지심사념대사명하면
至心思念大士名

즉어몽중견무변하고
卽於夢中見無邊
각래편득이안이하여
覺來便得利眼耳

응시경교력이문하면
應是經敎歷耳聞
천만생중영불망하리니
千萬生中永不忘

이시대사부사의로
以是大士不思議
능사사인획차혜하나니라
能使斯人獲此慧

빈궁중생급질병과
貧窮衆生及疾病
가택흉쇠권속리하며
家宅凶衰眷屬離

수몽지중실불안하고 구자괴위무칭수라도
睡夢之中悉不安 求者乖違無稱遂

지심첨례지장상하면 일체악사개소멸하고
至心瞻禮地藏像 一切惡事皆消滅

지어몽중진득안하며 의식풍요신귀호리라
至於夢中盡得安 衣食豊饒神鬼護

욕입산림급도해하여도 독악금수급악인과
欲入山林及渡海 毒惡禽獸及惡人

악신악귀병악풍과 일체제난제고뇌라도
惡神惡鬼幷惡風 一切諸難諸苦惱

단당첨례급공양을 지장보살대사상하면
但當瞻禮及供養 地藏菩薩大士像

여시산림대해중도 응시제악개소멸하리라
如是山林大海中 應是諸惡皆消滅

관음지심청오설하라 지장무량부사의는
觀音至心聽吾說 地藏無量不思議

백천만겁설부주하리니 광선대사여시력하라
百千萬劫說不周 廣宣大士如是力

지장명자인약문커나 내지견상첨례자는
地藏名字人若聞 乃至見像瞻禮者

향화의복음식봉하고 공양백천수묘락하며
香華衣服飮食奉 供養百千受妙樂

약능이차회법계하면 필경성불초생사하리라
若能以此回法界 畢竟成佛超生死

시고관음여당지하여 보고항사제국토하라
是故觀音汝當知 普告恒沙諸國土

제십삼 촉루인천품
第十三 囑累人天品

이시에 세존이 거금색비하사 우마지장보살마
爾時世尊擧金色臂 又摩地藏菩薩摩

하살정하시고 이작시언하시되 지장지장아 여지신
訶薩頂 而作是言 地藏地藏 汝之神

력이 불가사의며 여지자비불가사의며 여지지
力 不可思議 汝之慈悲不可思議 汝之智

혜불가사의며 여지변재불가사의라 정사시방

慧不可思議 汝之辯才不可思議 正使十方

제불이 찬탄선설여지불사의사하여도 천만겁중에

諸佛 讚歎宣說汝之不思議事 千萬劫中

불능득진하리라 지장지장아 기오금일에 재도

不能得盡 地藏地藏 記吾今日 在忉

리천중하여 어백천만억불가설불가설일체제불

利天中 於百千萬億不可說不可說一切諸佛

보살천룡팔부대회지중에 재이인천제중생등이

菩薩天龍八部大會之中 再以人天諸衆生等

미출삼계하여 재화택중자를 부촉어여하노니 무

未出三界 在火宅中者 付囑於汝 無

령시제중생으로 타악취중에 일일일야케함이어든
令是諸衆生 墮惡趣中 一日一夜

하황갱락오무간과 급아비지옥하여 동경천만억
何況更落五無間 及阿鼻地獄 動經千萬億

겁하여도 무유출기리요 지장아 시남염부제중생이
劫 無有出期 地藏 是南閻浮提衆生

지성이 무정하여 습악자다하고 종발선심하여도
志性 無定 習惡者多 縱發善心

수유즉퇴하며 약우악연하면 염념증장하나니 이시
須臾卽退 若遇惡緣 念念增長 以是

지고로 오분시형백천억하여 화도하되 수기근성
之故 吾分是形百千億 化度 隨其根性

하여 이도탈지하나니 지장아 오금에 은근히 이천
而度脫之 地藏 吾今 慇懃 以天

인중으로 부촉어여하노니 미래지세에 약유천인
人衆 付囑於汝 未來之世 若有天人

급선남자선녀인이 어불법중에 종소선근하되 일
及善男子善女人 於佛法中 種小善根 一

모일진이며 일사일제라도 여이도력으로 옹호시인
毛一塵 一沙一渧 汝以道力 擁護是人

하여 점수무상하여 물령퇴실케하라 부차지장아
漸修無上 勿令退失 復次地藏

미래세중에 약천약인이 수업보응하여 낙재악취
未來世中 若天若人 隨業報應 落在惡趣

하리니

임타취중하여 혹지문수하여도 시제중생이
臨墮趣中 或至門首 是諸衆生

약능염득일불명커나 일보살명하며 일구일게인
若能念得一佛名 一菩薩名 一句一偈

대승경전커든 시제중생을 여이신력으로 방편구
大乘經典 是諸衆生 汝以神力 方便救

발하여 어시인소에 현무변신하여 위쇄지옥하고
拔 於是人所 現無邊身 爲碎地獄

견령생천하여 수승묘락케하라
遣令生天 受勝妙樂

이시세존이 이설게언하시되
爾時世尊 而說偈言

현재미래천인중을 오금은근부촉여하노니
現在未來天人衆 吾今慇懃付囑汝

이대신통방편도하여 물령타재제악취케하라
以大神通方便度 勿令墮在諸惡趣

이시에 지장보살마하살이 호궤합장하고 백불언
爾時 地藏菩薩摩訶薩 胡跪合掌 白佛言

하시되 세존이시여 유원세존은 불이위려하소서 미래
世尊 唯願世尊 不以爲慮 未來

세중에 약유선남자선녀인이 어불법중에 일념
世中 若有善男子善女人 於佛法中 一念

공경하면 아역백천방편으로 도탈시인하야 어생
恭敬 我亦百千方便 度脫是人 於生

사중에 속득해탈케하리니 하황문제선사하고 염념
死中 速得解脫 何況聞諸善事 念念

수행하면 자연어무상도에 영불퇴전이니까
修行 自然於無上道 永不退轉

설시어시에 회중에 유일보살하니 명은 허공장
說是語時 會中 有一菩薩 名 虛空藏

이라 백불언하시되 세존이시여 아자지도리하여 문
白佛言 世尊 我自至忉利 聞

어여래의 찬탄지장보살의 위신세력이 불가사
於如來 讚歎地藏菩薩 威神勢力 不可思

의이오니 미래세중에 약유선남자선녀인과 내급
議 未來世中 若有善男子善女人 乃及

일체천룡이 문차경전과 급지장명자하고 혹첨
一切天龍 聞此經典 及地藏名字 或瞻

례형상하면 득기종복리니까 유원세존이시여 위
禮形像 得幾種福利 唯願世尊 爲

미래현재일체중등하사 약이설지하소서
未來現在一切衆等 略而設之

불고허공장보살하시되 체청체청하라 오당위여
佛告虛空藏菩薩 諸聽諸聽 吾當爲汝

하여 분별설지하리라 약미래세에 유선남자선녀
分別設之 若未來世 有善男子善女

인하시되 견지장형상하며 급문차경하고 내지독송
人 見地藏形像 及聞此經 乃至讀誦

하며 향화음식과 의복진보로 보시공양하고 찬탄
香華飮食 衣服珍寶 布施供養 讚歎

첨례하면 득이십팔종이익하리니
瞻禮 得二十八種利益

일자는 천룡호념이요 이자는 선과일증이요
一者 天龍護念 二者 善果日增

삼자는 집성상인이요 사자는 보리불퇴요
三者 集聖上因 四者 菩提不退

오자는 의식풍족이요 육자는 질역불림이요
五者 衣食豊足 六者 疾疫不臨

칠자는 이수화재요 팔자는 무도적액이요
七者 離水火災 八者 無盜賊厄

구자는 인견흠경이요
九者 人見欽敬

십일자는 여전남신이요
十一者 女轉男身

십삼자는 단정상호요
十三者 端正相好

십오자는 혹위제왕이요
十五者 或爲帝王

십칠자는 유구개종이요
十七者 有求皆從

십구자는 제횡소멸이요
十九者 諸橫消滅

십자는 귀신조지요
十者 鬼神助持

십이자는 위왕신녀요
十二者 爲王臣女

십사자는 다생천상이요
十四者 多生天上

십육자는 숙지명통이요
十六者 宿智命通

십팔자는 권속환락이요
十八者 眷屬歡樂

이십자는 업도영제요
二十者 業道永除

이십일자는 거처진통이요 이십이자는 야몽안락이요
二十一者 去處盡通 二十二者 夜夢安樂

이십삼자는 선망이고요 이십사자는 숙복수생이요
二十三者 先亡離苦 二十四者 宿福受生

이십오자는 제성찬탄이요 이십육자는 총명이근이요
二十五者 諸聖讚歎 二十六者 聰明利根

이십칠자는 요자민심이요 이십팔자는 필경성불이니라
二十七者 饒慈愍心 二十八者 畢竟成佛

부차허공장보살아 약현재미래천룡귀신이 문
復次虛空藏菩薩 若現在未來天龍鬼神 聞

지장보살명호커나 예지장보살형상하거나 혹문
地藏菩薩名號 禮地藏菩薩形像 或聞

지장보살본원등사하고 수행찬탄첨례하면 득칠
地藏菩薩本願等事 修行讚歎瞻禮 得七

종이익하리니 일자는 속초성지요 이자는 악업소
種利益 一者 速超聖地 二者 惡業消

멸이요 삼자는 제불호림이요 사자는 보리불퇴요
滅 三者 諸佛護臨 四者 菩提不退

오자는 증장본력이요 육자는 숙명개통이요 칠자
五者 增長本力 六者 宿命皆通 七者

는 필경성불이니라
畢竟成佛

이시에 시방일체제여래 불가설불가설일체제
爾時 十方一切諸如來 不可說不可說一切諸

불여래와 급대보살과 천룡팔부문석가모니불
佛如來 及大菩薩 天龍八部聞釋迦牟尼佛

의 칭양찬탄지장보살대위신력불가사의하시옵고
稱揚讚歎地藏菩薩大威神力不可思議

탄미증유하시더니 시시도리천에 우무량향화와
歎未曾有 是時忉利天 雨無量香華

천의주영하여 공양석가모니불과 급지장보살이
天衣珠瓔 供養釋迦牟尼佛 及地藏菩薩已

하오며 일체중회구부첨례하시옵고 합장이퇴하니라
一切衆會俱復瞻禮 合掌而退

지장보살본원경 하권 종
地藏菩薩本願經 下券 終

츰부다라니 讖蒲陀羅尼

츰부 츰부 츰츰부 아가셔츰부 바결랍츰부 암발랍츰부 비라츰부 발절랍츰부 아루가 츰부 담뮈츰부 살더뮈츰부 살더닐하뮈츰 부 비바루가찰뮈츰부 우뷔셤뮈츰부 내여 나츰부 뷜랄여삼므디랄나츰부 찰나츰부 비실바리여츰부 셔살더랄바츰부 비어자수 재 맘히리 담미 셤미 잡결랍시 잡결랍믜스

리 치리 시리 결랄뷔뷜러발랄디 히리 벌
랄비 뷜랄저리니달니 헐랄달니 뷔러 져져
져져 히리 미리 이결타 탑기 탑규루 탈리
탈리 미리 뭐대 더대 구리 미리 앙규즈더
비 얼리 기리 뷔러기리 규차섬믜리 징기
둔기 준규리 후루 후루 후루 규루술두미
리 미리디 미리대 뷘자더 허러 히리 후루
후루루(六五句)

전경
轉經

◇ 정구업진언
淨口業眞言

수리 수리 마하수리 수수리 사바하 (세번)

◇ 오방내외안위제신진언
五方內外安慰諸神眞言

나무 사만다 못다남 옴 도로도로 지미사바하 (세번)

◇ 개경게
開經偈

무상심심미묘법 백천만겁난조우
無上甚深微妙法 百千萬劫難遭遇

아금문견득수지 원해여래진실의
我今聞見得受持 願解如來眞實義

◇ 개법장진언
開法藏眞言

옴 아라남 아라다 (세번)

마하반야바라밀다심경(摩訶般若波羅蜜多心經)

관자재보살(觀自在菩薩) 행심반야바라밀다시(行深般若波羅蜜多時) 조견(照見)

오온개공도(五蘊皆空度) 일체고액(一切苦厄) 사리자(舍利子) 색불이(色不異)

공(空) 공불이색(空不異色) 색즉시공(色卽是空) 공즉시색(空卽是色) 수(受)

상행식(想行識) 역부여시(亦復如是) 사리자(舍利子) 시제법공상(是諸法空相)

불생불멸 不生不滅 불구부정 不垢不淨 부증불감 不增不減 시고 是故

공중무색 空中無色 무수상행식 無受想行識 무안이비설신의 無眼耳鼻舌身意

무색성향미촉법 無色聲香味觸法 무안계 無眼界 내지 乃至 무의식 無意識

계 界 무무명 無無明 역무무명진 亦無無明盡 내지 乃至 무노사 無老死 역 亦

무노사진 無老死盡 무고집멸도 無苦集滅道 무지역무득 無智亦無得 이 以

무소득고 無所得故 보리살타 菩提薩埵 의반야바라밀다고 依般若波羅蜜多故

심무가애 무가애고 무유공포 원리전
心無罣碍 無罣碍故 無有恐怖 遠離顚

도몽상 구경열반 삼세제불 의반야바
倒夢想 究竟涅槃 三世諸佛 依般若波

라밀다 고득 아뇩다라삼먁삼보리 고지
羅蜜多 故得 阿耨多羅三藐三菩提 故知

반야바라밀다 시대신주 시대명주 시
般若波羅蜜多 是大神呪 是大明呪 是

무상주 시무등등주 능제일체고 진실
無上呪 是無等等呪 能除一切苦 眞實

불허 고설 반야바라밀다주 즉설주왈
不虛 故說 般若波羅蜜多呪 卽說呪曰

아제아제(揭諦揭諦) 바라아제(波羅揭諦) 바라승아제(波羅僧揭諦) 모지(菩提)
사바하(娑婆訶)

아제아제(揭諦揭諦) 바라아제(波羅揭諦) 바라승아제(波羅僧揭諦) 모지(菩提)
사바하(娑婆訶)

아제아제(揭諦揭諦) 바라아제(波羅揭諦) 바라승아제(波羅僧揭諦) 모지(菩提)
사바하(娑婆訶)

대보루각다라니
大寶樓閣陀羅尼

나맣 사르바 타타가타남 옴 비푸라가르
베 마니프라베 타타타 니다르사네 마니
마니 수프라베 비마레 사가라 감비레
훔훔 즈바라즈바라 붇다비로키테 구햐디
스티타 가르베 사바하

무량수여래근본다라니

無量壽如來根本陀羅尼

나모라트라야야 나망아랴 미타바야 타타가타야
아르하테 사막삼붇다야 타댜타 옴 아므르테 아
므르토 드바베 아므르타삼바베 아므르타가르베 아
므르타신데 아므르타테제 아므르타비흐림테 아므
르타비흐림타가미네 아므르타가가 나키티카례 아
므르타둠누비스바례 사르바르타사다네 사르바카르
마크례 삭사얌카례 사바하

광명진언
光明眞言

옴 아모가 바이로차나 마하 무드라
마니파드마 즈바라 프라바릍타야 훔

십악 오역의 중죄는 지은 사람이 두서너 번 듣기만 하여도 모든 죄업이 다 소멸하나니라。 십악 오역의 모든 죄를 많이 지어 그 죄가 온 세계에 가득 차서 죽어 지옥에 떨어졌더라도 깨끗한 모래에 이 진언을 백팔번 외워서 그 모래를 그 사람의 시체나 무덤 위에 흩어주면 모든 죄가 다 소멸되어 곧 극락세계에 가서 나니라。

보궐진언 補闕眞言

옴 호로호로 사야부케 사바하

보회향진언 普廻向眞言

옴 스마라 스마라 비마나 사라마하 차크라바 훔

원이차공덕 보급어일체 願以此功德 普及於一切
아등여중생 개공성불도 我等與衆生 皆共成佛道

한글 지장보살본원경(하)

무비 스님

제7, 산 사람과 죽은 사람이 모두 이익함[利益存亡品]

그 때에 지장보살 마하살이 부처님께 말씀드렸다.

"세존이시여, 제가 관찰하니 이 염부제 중생들이 발을 옮기고 생각하는 것이 죄 아님이 없습니다. 설사 좋은 이익을 만나더라도 처음 먹은 마음이 흔히 물러납니다. 그래서 혹 나쁜 인연을 만나게 되면 순간 순간마다 죄가 더하여지게 됩니다. 이러한 사람은 마치 진흙 길을 가는데 무거운 돌을 짊어진 것과 같아서 갈수록 피곤하고 갈수록 무거워져서 발이 점점 깊이 빠져드는 것과 같습니다. 다행히 선지식을 만나면 그 무거운 짐을 덜어서 대신 지어다 주거나 혹은 전부 다 지어다 주게 됩니다. 이 선지식은 큰 힘이 있기 때문에 힘을 내게 도와주고 인도하여, 그로 하여금 다리를 굳건하게 해 줍니다. 그러다가 만약 평지에 이르게 되면 걸어온 험한 길을 돌아보고는 다시는 험한 길을 지나가지 아니합니다.

세존이시여, 악을 익히는 중생들은 작은 털 끝만한 것에서 시작하여 곧 한량없는 데까지 이르게 되는데 이 모든 중생들이 이와 같은 습관이 있으므로 목숨이 다할 때에 남녀의 권속이 마땅히 그를 위해 복을 베풀어 앞길을 도우며 혹 깃발과 일산을 달며, 혹 기름 등잔을 켜며, 혹 좋은 경전을 독송하며, 혹 불상과 여러 성상(聖像)에 공양을 올리며, 혹 부처님과 보살과 벽지불의 이름을 하나하나 분명하게 불러서 임종하는 사람의 귀에 들리게 하거나, 혹은 근본식(根本識)에 남아 있게 합니다. 그렇게 하면 이 모든 중생들이 자신이 지은 악업으로 그 과보를 느끼게 됨을 헤아려보아 반드시 악도에 떨어지게 될지라도 권속들의 그 임종하는 사람을 위하여 이러한 성스러운 인연을 닦음으로써 이와 같이 많은 죄가 모두 소멸될 것입니다.

만약 육신이 죽은 뒤 사십구(四十九)일 이내에 여러 가지 선한 일을 하게 되면, 능히 이 모든 중생으로 하여금 영원히 악도를 여의고 인간이나 하늘에 태어남을 얻어 수승한 즐거움을 받게 될 것입니다. 지금 살아 계신 권속들의 이익도 한량이 없을 것이니 이러한 까닭으로 제가 지금 부처님과 천룡팔부와 사람인 듯 아닌 듯한 이들의 증명하에 염부제 중생들에게 권하기를, 임종하는 날 산목숨을 죽이지 말고, 나쁜 인연을 짓지 말며, 귀신에게 절하여 제사하지 말고, 모든 도깨비들에게 구하는 일을 하지 말도록 합니다.

왜냐하면 산목숨을 죽이고 내지 귀신에게 절하여 제사 지낸다고 하는 것은, 작은 먼지만큼도 돌아가신 분에게 이익이 없으며 다만 죄악의 인연만 더욱 깊이 맺어집니다. 가령 내생이나 혹은 현생에 성인의 힘을 입어 인간이나 하늘에 태어나게 된다 할지라도 임종 때 여러 권속들이 이러한 나쁜 인연을 지은 관계로 목숨을 마친 사람이 여러 가지 허물들을 변명하느라고 좋은 곳에 태어나는 것이 늦어집니다. 하물며 목숨을 마치는 사람이 살아 있을 때 조그마한 선근도 쌓지 못하였다면 자신이 지은 업에 의하여 스스로 악도에 떨어지는 과보를 받게 될 것입니다. 이치가 그러하거늘 어찌 차마 권속마저 다시 업을 더 무겁게 해서야 되겠습니까?

비유하자면 어떤 사람이 먼 곳에서 오는데 식량이 떨어진 지 사흘이나 되고, 지고 있는 짐은 백 근이 넘는데, 문득 이웃에 사는 사람을 만나서 다시 작은 물건을 부탁받게 되면 이것 때문에 점점 더 피곤하고 짐은 더욱 무거워지는 것과 같습니다.

세존이시여, 제가 살펴보니 염부제 중생들이 다만 부처님의 가르침 가운데서 선한 일을 터럭 하나, 물 한 방울, 모래알 하나, 먼지 하나만큼만 했어도 이와 같은 이익을 모두 다 자기 자신이 얻게 될 것입니다."

이 말씀을 설하실 때에 법회 중에 한 장자가 있어 이름을 대변(大辯)이라 했는데, 이 장자는 오래전부터 생사가 없는 도리를 깨달아서 시방의 중생들을 교화하다가 지금은 장자의 몸을 나타낸 분이다. 합장 공경하고 지장보살에게 물었다.

"지장보살이시여, 이 남염부제의 중생들이 목숨을 마친 뒤에 그의 권속들이 그를 위하여 공덕을 닦고 재를 베풀어서 많은 선한 일을 하면 이 목숨을 마친 사람이 큰 이익과 해탈을 얻게 됩니까?"

지장보살이 대답하였다.

"장자여, 내 지금 미래와 현재의 일체 중생들을 위하여 부처님의 위신력을 받들어 간략하게 이 일에 대해 설명하겠습니다.

장자여, 미래와 현재의 모든 중생들이 목숨을 마치는 날에 한 부처님의 명호나 한 보살의 명호나 한 벽지불의 명호를 얻어 듣게 되면 죄가 있고 죄가 없고를 불문하고 모두 해탈을 얻게 됩니다.

만약 어떤 남자나 여인이 살아 있을 때 좋은 일을 하지 않고 여러 가지 죄를 많이 지으면 목숨을 마친 뒤에 그의 여러 권속들이 그를 위하여 여러 가지 성스러운 일을 지어서 복되게 하더라도 7분 가운데 그 1분만을 얻게 되고, 나머지 6분의 공덕은 살아 있는 사람의 이익이 됩니다. 이러한 까닭으로 미래와 현재의 선남자와 선여인들은 잘 들어서 스스로 닦으면 그 낱낱의 공덕을 온전히 얻게 됩니다.

덧없음[無常]의 큰 귀신이 기약이 닥쳐오면 어둠 속을 헤매는 혼령들은 자신의 죄와 복을 알지 못하여 49일 동안 바보와 같고 귀머거리와 같이 있다가, 염라대왕 앞에서 업의 과보를 변론하여 판정한 뒤에는 업에 따라 태어나게 됩니다. 자신은 알지도 못하는 사이에 천만 가지 근심과 고통이 따릅니다. 하물며 다른 여러 곳의 악도에 떨어진다면 어찌 되겠습니까?

목숨을 마친 사람이 아직 태어나기 전 49일 안에 순간순간마다 모든 골육과 권속이 복을 지어 구원하여 줄 것을 바라다가 이 날이 지난 뒤에는 오직 자신이 지은 업에 따라 과보를 받을 뿐입니다.

만약 이러한 죄인이라면 천백세를 지내더라도 해탈할 날이 없을 것이며, 만약 그가 5무간죄를 지어서 큰 지옥에 떨어지게 되면 천 겁이나 만 겁 동안 여러 가지 고통을 영원히 받을 것입니다.

다시 또 장자여, 이와 같은 죄업의 중생들은 목숨을 마친 뒤에 권속이나 골육이 그를 위해서 재를 올려서 복을 닦아 그의 업을 돕되 잿밥을 마치기 전과 재를 올리고 있을 때에도 쌀뜨물이나 채소 잎들을 땅에 버리지 말고, 모든 음식을 부처님과 스님에게 드리지 아니했거든 먼저 먹지 말아야 합니다.

만약 먹는 순서를 어겨서 먼저 먹거나 정미롭고 성실하게 하지 아니하면 목숨을 마친 사람이 마침내 구원의 힘을 얻지 못하게 됩니다. 만약 정미롭게 하고 청정하게 해서 부처님과 스님에게 받들어 올리면 이 목숨을 마친 사람은 7분 중에 하나를 얻게 됩니다. 그러므로 장자여, 염부제 중생들이 만약 그의 부모와 권속을 위하여 목숨을 마친 뒤에 재를 베풀어서 공양을 올리되 지극한 마음으로 부지런히 정성껏 하면 이러한 사람은 살아있는 사람도 돌아가신 분도 다 함께 이익을 얻게 됩니다."

이 말씀을 설하실 때에 도리천궁에 천만억 나유타나 되는 염부제의 귀신들이 모두 한량없는 보리심을 발하였으며, 대변장자도 환희하는 마음으로 가르침을 받들어 예배를 올린 뒤에 물러갔다.

제8, 염라왕들이 찬탄하다[閻羅王衆讚歎品]

그 때에 철위산 안의 많은 귀왕들이 염라천자와 함께 도리천에 와서 부처님이 계신 곳에 이르렀다.

이른바 악독귀왕과 다악귀왕과 대쟁귀왕과 백호귀왕과 혈호귀왕과 적호귀왕과 산앙귀왕과 비신귀왕과 전광귀왕과 낭아귀왕과 천왕귀왕과 담수귀왕과 부석귀왕과 주모귀왕과 주화귀왕과 주복귀왕과 주식귀왕과 주재귀왕과 주축귀왕과 주금귀왕과 주수귀왕과 주매귀왕과 주산귀왕과 주명귀왕과 주질귀왕과 주험귀왕과 삼목귀왕과 사목귀왕과 오목귀왕과 기리실왕과 대기리실왕과 기리차왕과 대기리차왕과 아나타왕과 대아나타왕이었다.

이러한 대귀왕들이 각각 백천이나 되는 여러 소귀왕을 거느리고 모두 염부제에 살고 있으면서 각각 맡은 것이 있고, 각각 머무르는 곳이 있었는데, 이러한 모든 귀왕들이 염라천자로 더불어 부처님의 위신력과 지장보살마하살의 힘을 받들어 함께 도리천에 참예하여 한 쪽에 공손히 서 있었다.

그 때에 염라천자가 호궤합장하고 부처님께 말씀드렸다.

"세존이시여, 저희들은 지금 여러 귀왕과 더불어 부처님의 위신력과 지장보살마하살의 힘을 받들어 바야흐로 이 도리천의 큰 법회에 참예함은 이 또한 저희들이 좋은 이익을 얻었기 때문입니다. 제가 지금 약간 의심스러운 일이 있어 감히 세존께 여쭈오니 원컨대 세존께서는 자비로 여기시고 저희들을 위하여 말씀하여 주십시오."

부처님께서 염라천자에게 이르시었다.

"그대는 마음대로 물어보라. 내 그대를 위해 말하리라."

이 때에 염라천자가 세존을 우러러 예배를 드린 후 지장보살을 돌아보면서 부처님께 말씀드렸다.

"세존이시여, 제가 살펴보니 지장보살께서는 육도 중에 계시면서 백천 가지 방편으로 죄를 지어 고통받는 중생들을 제도하시느라고 피곤하신데도 그 괴로움을 사양하지 아니 하십니다.

이 대보살에게는 이와 같은 불가사의한 신통이 있습니다만 그러나 모든 중생들이 죄의 과보에서 벗어남을 얻었다가 오래지 아니하여 다시 악도에 떨어지곤 합니다.

세존이시여, 이 지장보살에게 이미 이와 같은 불가사의한 신통력이 있는데 어찌하여 중생들은 옳은 법에 의지하여 영원한 해탈을 얻지 못합니까? 원컨대 세존이시여, 저를 위하여 해설하여 주십시오."

부처님께서 염라천자에게 이르셨다.

"남염부제의 중생들은 그 성질이 억세고 거칠어서 다스리기도 어렵고 길들이기도 어렵다. 이 대보살은 백천겁을 지내오면서 이러한 중생들을 하나하나 구제하여 빼내고 해탈하게 하였다. 죄보(罪報)를 받은 사람이나 큰 악도의 사람까지도 보살이 방편력을 가지고 근본 업의 인연에서 빼내어 숙세의 일을 깨닫게 하였건만, 이 염부제의 중생들이 스스로 악습을 무겁게 맺어 업의 인연에서 나오자마자 곧 되돌아 들어가서 이 보살을 수고롭게 하고 오랜 겁을 지낸 뒤에 가서 제도하여 해탈하게 된다.

비유하자면 어떤 사람이 정신이 흐려서 자기의 집을 잃어버리고 잘못 험한 길로 들어갔는데 그 험한 길 가운데는 온갖 야차와 호랑이와 사자와 뱀과 독사, 살무사와 전갈이 많았다. 이와 같이 길을 잃은 사람이 험한 길 가운데서 잠깐 사이에 곧 여러 가지 독을 만나게 된다. 어떤 지식이 있는 사람이 큰 술법을 많이 알아 이러한 독과 야차와 모든 악독한 것들을 잘 금지시키다가 문득 길을 잃은 사람을 만났다. 그가 험한 길로 나아가고자 하므로 그에게 말하기를 '이 딱한 사람아, 무슨 일 때문에 이 길로 들어가며 어떤 특별한 술법이라도 있어서 능히 이 모든 독을 막아내겠는가?' 하니, 이 길 잃은 사람이 문득 이 말을 듣고 비로소 험한 길인 줄 알고 곧 물러나서 이 길에서 벗어나고자 하였다.

그 때 이 선지식이 손을 잡아 인도하여 험한 길에서 끌어내어 모든 악독한 것을 면하게 하고 좋은 길에 이르게 하여 그로 하여금 편안함을 얻게 하고는 말하기를, '이 딱한 사람아, 다음부터는 이 길로 들어가지 마라. 이 길로 들어가는 자는 마침내 나오기가 어려울 뿐 아니라 또한 생명조차 잃게 된다'고 하니 이 길 잃은 사람도 또한 감동하는 마음이 생겼다.

이별할 때에 선지식이 또 말하기를, '만약 길을 가는 사람이 친한 사람이거나 아니거나 또 남자거나 여자거나 이 길에는 여러 가지 사납고 독한 것들이 많아서 생명을 잃게 된다고 말하여 이러한 무리들로 하여금 스스로 죽음의 길로 들어서지 않게 하라.'고 하는 것과 같다.

그러므로 지장보살이 대자비를 갖추어서 죄를 지어 고통 받는 중생들을 구제하여 천상과 인간 중에 나게 하여 그들에게 즐거움을 받게 하고자 하거든, 이 모든 죄지은 무리가 업보의 괴로움을 알아서 벗어나서는 다시는 그 길을 밟지 않게 할 것이다. 이것은 마치 저 길을 잃은 사람이 잘못 험한 길로 들어갔다가 선지식의 인도를 얻어 밖으로 나오게 되어 다시는 들어가지 않고, 또 그가 다른 사람을 만나면 다시 그를 권하여 들어가지 않게 하는 것은 저절로 미혹에 의한 어리석음으로부터 벗어나 다시는 들어가지 않는 것과 같다.

만약 두 번 다시 그 길을 밟게 된다면 그는 아직도 미혹한 데 있어서 예날에 일찍이 험한 길에 떨어졌던 것을 깨닫지 못하고 목숨을 잃어버리는 것이 되는데, 그것은 마치 악도에 떨어진 중생들을 지장보살의 방편력으로 해탈케 하여 인간과 천상에 나게 하였으나 또다시 들어감과 같은 것이다. 만약 업을 다시 맺게 되면 영원히 지옥에서 해탈할 때가 없을 것이다."

그 때에 악독귀왕이 합장하고 공경히 부처님께 말씀드렸다.

"세존이시여, 저희들 모든 귀왕은 그 수가 한량이 없습니다. 염부제에서 혹 사람을 이익되게도 하며 혹 사람을 손해보게도 하여 각각 같지 아니함은 업의 과보 때문에 그런 것입니다. 저희 권속들이 세계를 돌아다녀 보니 악함은 많고 선함은 적었습니다. 사람들의 가정이나 혹 성읍이나 마을이나 장원이나 주택을 지날 때, 혹 어떤 남자나 여인의 털 끝만한 작은 선이라도 닦으면서 한 개의 깃발이나 한 개의 일산이나 적은 향과 적은 꽃으로 불상과 보살상에 공양을 올리고, 혹 훌륭한 경문을 독송하거나, 향을 사루어 법문의 한 구절 한 게송에 공양한다면 저희들 귀왕은 이 사람에게 공경하기를 과거·현재·미래의 모든 부처님과 같이합니다. 그리고 모든 작은 귀신들로서 각각 큰 힘이 있고 토지를 맡은 이들에게 명령하여 즉시 호위하도록 하고 나쁜 일이나 횡액이나 몹쓸 병이나 마음에 맞지 아니한 일들이 이 사람의 집 근처에 얼씬 거리지도 못하게 할 것입니다. 그런데 어찌 그 문 안에 들어가게 하겠습니까?"

부처님께서 귀왕을 칭찬하여 말씀하셨다.

"훌륭하고 훌륭하구나. 그대들 염라천자는 능히 이와 같이 선남자와 선여인을 옹호하니 내 또한 범천왕과 제석천에게 명령하여 그대들을 호위하게 하리라."

이 말씀을 하실 때에 법회 중에 한 귀왕이 있는데 이름을 수명을 맡은 주명(主命)이라 하였다. 그가 부처님게 말씀드렸다.

"세존이시여, 저는 본래 업연으로 염부제 사람들

의 수명을 맡아 날 때와 죽을 때를 제가 모두 알아서 주관합니다. 제 본래의 원은 사람들에게 매우 큰 이익을 주고자 한 것이지만 이 중생들이 제 뜻을 알지 못하고 그들로 하여금 나고 죽음을 이루게 한다 하여 모두 불안해 합니다.

왜냐하면 이것은 염부제 사람들이 처음 태어날 때에 남자나 여자를 불문하고 다만 착한 일을 하게 되면 집안에 이익이 더하고 토지신도 절로 기뻐함이 한량없을 것입니다. 자식과 어머니를 보호하여 큰 안락을 얻고 가족도 이로울 것입니다.

혹 아이를 낳은 뒤에도 조심하여 생명을 죽이지 말아야 됩니다. 그런데 여러 가지 비린 것들을 가져다가 산모에게 먹이며, 널리 친척들을 모아놓고 술을 마시고 고기를 먹으며, 노래하고 거문고 타며 피리 불어서 자모(子母)로 하여금 안락하지 못하게 합니다. 그렇게 하면 아이를 낳을 때에 무수한 악귀와 도깨비들이 비린내 나는 피를 먹고자 하는데 내가 미리 사택과 토지의 신들에게 지시하여 아이와 어머니를 옹호하여 그들로 하여금 안락하고 이익하게 합니다. 이와 같이 안락함을 입었으므로 곧 복을 베풀어 모든 토지신들에게 보답해야 하거늘 도리어 산 것을 죽여 놓고 권속들을 모았으니 이것 때문에 재앙을 범하여 스스로 받으므로 자식과 어머니가 함께 손상을 입습니다.

또한 염부제에서 목숨을 마침에 이른 사람이 있으면 선악을 불문하고 저는 그 목숨을 마치는 사람으로 하여금 악도에 떨어지지 않도록 하고자 하는데, 하물며 스스로 선근을 닦으면서 제 힘을 도와주는 것이 되니 얼마나 다행이겠습니까? 그러나 이 염부제에서 선을 행한 사람도 목숨을 마칠 때 또한 백천의 악도(惡道)의 귀신들이 혹은 부모로 변신하고 또는 여러 권속으로 변하여 돌아가신 분을 인도하여 악도에 떨어지게 하거늘 하물며 본래 스스로 악을 지은 사람이겠습니까.

세존이시여, 이와 같이 염부제의 남자나 여인이 명이 마칠 때를 당하면 정신이 혼미하여 선악을 분별하지 못하고, 또한 눈과 귀로 아무 것도 보고 들을 수 없습니다. 이 때 그의 가족들이 마땅히 큰 공양을 베풀고 좋은 경문을 읽으며 부처님과 보살의 명호를 외워야 합니다. 이와 같은 선한 인연은 능히 망자로 하여금 모든 악도를 여의게 하며 모든 마와 귀신을 모두 흩어져 사라지게 합니다.

세존이시여, 일체의 중생들이 목숨을 마칠 때가 되어 만약 한 부처님의 명호나 한 보살의 명호나 혹 대승경전의 한 구절이나 한 게송을 얻어들을 수 있다면 제가 보기로는 이와 같은 사람들은 5무간 지옥에 떨어질 살생의 죄를 제하고는 소소한 악업으로 악도에 떨어질 사람은 곧 해탈을 얻게 하겠습니다."

부처님께서 주명귀왕에게 말씀하셨다.

"그대는 크게 사랑하는 마음으로 능히 이와 같은 큰 원을 발하여 생사 중에서도 모든 중생들을 보호하니 만약 미래 세상 중에 남자나 여인이 있어 태어나거나 죽을 때에 그대는 이 원력에서 물러서지 말고 모두 해탈시켜 영원히 안락을 얻게 하도록 하라."

귀왕이 부처님께 여쭈었다.

"원컨대 심려하지 마십시오. 저는 이 몸이 마치도록 순간 순간이라도 염부제 중생들을 옹호하여 태어날 때나 죽을 때에 모두 안락을 얻도록 하겠습니다. 다만 바라는 바는 모든 중생들이 나고 죽을 때에 제 말을 믿고 받아들이면 해탈하지 못할 사람이 없을 것이며 큰 이익을 얻을 것입니다."

그 때에 부처님께서 지장보살에게 이르시었다.

"이 대귀왕은 수명을 맡은 자로 이미 백천 생을 지내면서 대귀왕이 되어서 삶과 죽음 가운데를 오가면서 중생들을 보호하고 있다. 이와 같이 보살의 자비스러운 원력 때문에 대귀왕의 몸을 나타냈을지언정 실상은 귀신이 아니다. 이후 일백칠십 겁이 지나면 마땅히 불도를 성취할 것이니 명호는 무상여래(無相如來)라 하고, 겁의 이름은 안락이며, 세계의 이름은 정주(淨住)라 할 것이며, 그 부처님의 수명은 가히 겁으로 헤아리지 못할 것이다.

지장보살이여, 이 대귀왕에 관한 일은 이와 같이 불가사의하며 그가 제도한 하늘과 사람들의 수는 또한 헤아릴 수가 없다."

제9, 부처님의 명호를 부르라[稱佛名號品]

그 때에 지장보살 마하살이 부처님께 말씀드리기를, "세존이시여, 저는 지금 미래세의 중생을 위하여 이익되는 일을 연설하여 생사 중에서 큰 이익을 얻게 하고자 합니다. 다만 원컨대 세존이시여, 제 말씀을 들어 주십시오."

부처님께서 지장보살에게 이르시기를 "그대는 지금 자비심을 내어 육도에서 죄고를 받는 일체의 중생을 구제하고자 불가사의한 일을 연설하려고 하느냐. 지금이 바로 그 때이니 다만 속히 말하여라. 나는 곧 열반에 들어갈 것이니 그대로 하여금 이 원을 일찍이 마치게 한다면 나 또한 현재와 미래의 일체 중생들에 대해 근심함이 없을 것이다."

지장보살이 부처님께 말씀드리기를 "세존이시여, 과거세의 무량 아승지겁에 부처님이 계셔서 세상에 나오셨으니 호를 무변신여래라 하였습니다. 만약 어떤 남자나 여인이 이 부처님의 이름을 듣고 잠깐 사이라도 공경심을 내게 되면 곧 사십 겁의 생사의 무거운 죄고를 뛰어넘을 것입니다. 하물며 그 부처님의 형상을 조성하고 그림으로 그려서 공양하고 찬탄하는 일이겠습니까. 그 사람이 얻은 복은 한량이 없고 끝이 없습니다.

또한 과거세의 항하사겁에 부처님이 계셔서 세상에 나오셨으니 호를 보승여래라 하였습니다. 만약 어떤 남자나 여인이 이 부처님의 이름을 듣고 손가락을 한 번 튀길 사이라도 발심하여 귀의하면 이 사람은 무상도에서 영원히 퇴전하지 아니 할 것입니다.

또한 과거에 부처님이 계셔서 세상에 나오셨으니 호는 파두마승여래였습니다. 만약 어떤 남자나 여인이 이 부처님의 이름을 듣고 귓가에 스치기만 해도 이 사람은 천 번이나 육욕천 가운데 태어남을 얻거늘 하물며 어찌 지극한 마음으로 이름을 부르는 사람이겠습니까.

또한 과거 말로는 표현할 수 없는 아승지겁에 부처님이 계셔서 세상에 나오셨으니 호는 사자후여래였습니다. 만약 어떤 남자나 여인이 이 부처님의 이름을 듣고 한 순간이나마 귀의하면 이 사람은 한량없는 여러 부처님을 만나서 마정수기를 얻을 것입니다.

또한 과거세에 부처님이 계셔서 세상에 나오셨으니 호는 구류손불이었습니다. 만약 어떤 남자나 여인이 이 부처님의 이름을 듣고 지극한 마음으로 우러러 예배하거나 혹 찬탄하면 이 사람은 현겁 천불의 회중에 대범왕이 되어 부처님이 된다는 수기를 얻을 것입니다.

또 과거에 부처님이 계셔서 세상에 나오셨으니 이름은 비바시불이었습니다. 만약 어떤 남자나 여인이 이 부처님의 이름을 들으면 영원히 악도에 떨어지지 아니하고 항상 인간과 천상에 나서 뛰어나고 묘한 즐거움을 받습니다.

또한 과거의 한량없고 셀 수 없는 항하사 겁에 부처님이 계셔서 세상에 나오셨으니 이름은 다보여래였습니다. 만약 어떤 남자나 여인이 이 부처님의 이름을 듣게 되면 마침내 악도에 떨어지지 아니하고 항상 천상에 나서 뛰어나고 묘한 즐거움을 받습니다.

또한 과거에 부처님이 계셔서 세상에 나오셨으니 이름은 보상여래였습니다. 만약 어떤 남자나 여인이 이 부처님의 이름을 듣고 공경심을 내게 되면 이 사람은 오래지 아니하여 아라한과를 얻습니다. 또한 과거의 무량 아승지겁에 부처님이 계셔서 세상에 나오셨으니 이름은 가사당여래였습니다. 만약 어떤 남자나 여인이 이 부처님의 이름을 듣게 되면 일백 대겁의 생사의 죄를 초월합니다.

또한 과거에 부처님이 계셔서 세상에 나오셨으니 이름은 대통산왕여래였습니다. 만약 어떤 남자나 여인이 이 부처님의 이름을 듣게 되면 이 사람은 항하사 수만큼의 부처님을 만나 널리 설법함을 듣고 반드시 보리도를 성취합니다.

또한 과거에 정월불과 산왕불과 지승불과 정명왕불과 지성취불과 무상불과 묘성불과 만월불과 월면불과 같이 말로는 다 할 수 없는 부처님이 계셨습니다.

세존이시여, 현재와 미래의 일체 중생들이 만약 천상이나 인간이나 남자나 여인이나를 막론하고 다만 한 부처님의 명호를 불러도 그 공덕이 한량없거늘 하물며 많은 부처님의 이름을 부르는 것이겠습니까? 이러한 중생들은 날 때와 죽을 때에 스스로 큰 이로움을 얻어서 마침내 악도에 떨어지지 아니합니다.

만약 어떤 임종하는 사람의 집안 권속이 한 사람이라도 병든 사람을 위하여 높은 소리로 한 부처님의 이름을 부르게 되면 이 목숨을 마치는 사람의 다섯 가지 무간지옥에 들어갈 죄를 제하고 나머지 업보들은 모두 소멸함을 얻을 것입니다. 이 다섯 가지 무간 지옥에 들어갈 죄가 비록 지극히 무거운 것이어서 억겁을 지나도 마침내 벗어나지 못하는 것이지만 이 사람이 임종할 때에 다른 사람이 그를 위하여 부처님의 이름을 부르게 되면 이 무거운 죄업도 점점 소멸할 것입니다. 그런데 하물며 중생들이 스스로 부르고 스스로 생각하는 것이겠습니까? 무량한 복을 얻고 무량한 죄업도 소멸하게 될 것입니다.

제10. 보시한 공덕을 헤아리다[校量布施功德緣品]

그 때에 지장보살마하살이 부처님의 위신력을 받들어 자리에서 일어나서 호궤합장하고 부처님께 사뢰었다.

"세존이시여, 제가 업으로 살아가는 중생들을 살펴보고 그들의 보시하는 공덕을 헤아려 보니 가벼움도 있고 무거움도 있으며, 일생 동안에 복을 받기도 하고 십생 동안에 복을 받기도 하며, 백 생이나 천 생 동안에 큰 복과 이익을 받는 이도 있는데 이러한 일은 어찌하여 그러한 것입니까? 원컨대 세존이시여, 저를 위하여 설명하여 주십시오."

그 때에 부처님께서 지장보살에게 말씀하셨다.

"내가 지금 도리천궁의 여러 대중들에게 염부제 중생들이 보시하는 공덕의 경중을 헤아려 설할 것이니 그대는 자세히 듣도록 하라. 내 그대를 위하여 말하겠다."

지장보살이 부처님께 사뢰기를, "저는 이 일이 궁금하였습니다. 원컨대 듣고자 합니다."

부처님께서 지장보살에게 이르시기를, "남염부제

에 있는 모든 국왕과 재상과 대신과 큰 장자와 큰 찰리와 큰 바라문 등이 만약 가장 빈궁한 자를 만나거나 꼽추나 벙어리와 귀먹은 이와 백치와 장님 등과 같은 가지가지의 완전치 못한 불구자를 만나서 이 대국의 왕 등이 보시를 하고자 할 때에, 만약 큰 자비심을 갖추고 자기의 마음을 낮추고 미소를 지으면서 친히 자기 손으로 두루 보시하거나, 혹 사람을 시켜 보시하고 부드러운 말로 위로하게 되면, 이 국왕 등이 얻는 복덕의 이익은 일 백 항하 강의 모래와 같이 많은 부처님에게 보시하는 공덕보다 이익이 더 많을 것이다.

왜냐하면 이 국왕 등은 저 가장 빈천한 무리와 불구자에 대하여 큰 자비심을 내었으므로 복과 이익이 이와 같은 보답이 있어 백천 생 중에 항상 칠보가 구족함을 얻게 되리니 어찌 하물며 의복과 음식의 수용뿐이겠느냐?

다시 또 지장보살이여, 만약 미래세에 국왕에서 바라문들에 이르기까지 부처님의 탑이나 절, 혹 부처님의 형상이나 내지 보살, 성문, 벽지불 등의 형상을 만나서 몸소 경영하고 마련하여 공양을 올리고 보시하면 이 국왕 등은 삼 겁 동안 제석천의 몸을 얻어 수승하고 미묘한 즐거움을 받게 될 것이다. 만약 능히 이 보시한 복의 이익을 법계에 회향하면, 이 국왕들은 십 겁 동안 항상 대범천왕이 될 것이다.

또 다시 지장보살이여, 만약 미래세에 모든 국왕에서 바라문 등에 이르기까지 옛 부처님의 탑이나 묘, 혹은 경전이나 형상에 이르기까지, 헐리고 무너지고 깨지고 떨어진 것을 보고 능히 발심하여 보수하면, 이 국왕 등이 혹 스스로 경영하고 마련했거나, 혹은 다른 사람을 권해서 백천 사람들에게 보시하게 하여 인연을 맺도록 했을지라도 이 국왕 등은 백천 생 동안 항상 전륜왕의 몸이 될 것이다.

이와 같이 보시한 다른 사람들도 백천 생 동안 항상 소국왕의 몸이 될 것이며, 또 능히 탑과 사당 앞에서 회향하는 마음을 발하면 이와 같은 국왕과 모든 사람들도 모두 불도를 성취할 것이며, 이러한 과보는 한량이 없고 끝이 없을 것이다.

다시 또 지장이여, 미래세 중에 모든 국왕과 바라문들이 늙고 병든 사람과 해산하는 부녀자를 보고 만약 한순간이라도 대 자비심을 발하여 의약과 음식과 침구를 보시하여 그들을 안락하게 한다면 이와 같은 복과 이익은 가장 불가사의하여 일백 겁 동안 항상 정거천(淨居天)의 주인이 되며, 이백 겁 동안 항상 육욕천(六欲天)의 주인이 되고, 마침내는 불도를 성취하여 영원토록 악도에 떨어지지 아니하며, 백천 생 동안 귀에 고통스러운 소리가 들리지 아니할 것이다.

다시 또 지장이여, 만약 미래세 중에 모든 국왕과 바라문들이 능히 이와 같은 보시를 지으면 얻는 복이 한량이 없을 것이며, 다시 이 복을 회향하면 많고 적음을 불문하고 필경에 불도를 성취할 것인데, 하물며 제석천과 범천왕과 전륜왕이 되는 보답뿐이겠느냐. 그러므로 지장이여, 널리 중생들에게 권하여 이와 같은 일을 마땅히 배우게 하라.

다시 또 지장이여, 미래세 중에 만약 선남자와 선여인이 부처님의 법 중에서 작은 선근을 머리털이나 모래알, 티끌만큼만 심더라도 받는 복과 이익은 비유하여 말할 수가 없다.

다시 또 지장이여, 미래세 중에 만약 선남자와 선여인이 부처님의 형상이나 보살의 형상이나 벽지불의 형상이나 전륜왕의 형상을 만나서 보시하고 공양을 올리면 한량없는 복을 얻어 항상 천상과 인간에 나서 수승하고 미묘한 즐거움을 받을 것이며, 만약 능히 그 복을 법계에 회향하면 이 사람의 복과 이익은 비유하여 말할 수가 없다.

다시 또 지장이여, 미래세 중에 만약 선남자와 선여인이 대승경전을 만나 한 게송이나 한 구절을 듣더라도 소중한 마음을 발하여 찬탄하고 공경하며 보시하고 공양하면 이 사람은 큰 과보를 얻어서 한량이 없고 끝이 없을 것이며, 만약 이것을 법계에 회향하면 그 복은 비유하여 말할 수가 없다.

다시 또 지장이여, 만약 미래세 중에 선남자와 선여인이 부처님의 탑이나 절이나 대승경전을 만나 새것에는 보시하고 공양을 올리며 우러러 예배하고 찬탄하며 공경하여 합장하고, 만약 오래되어 해지고 떨어진 것을 만나 보수하며 관리하되 혹 홀로 마음을 냈거나 혹 많은 사람들과 함께 마음을 냈다면 이와 같은 사람들은 삼십 생 동안 항상 소국의 왕이 될 것이며, 인연을 맺어준 사람[檀越]은 항상 전륜왕이 되어 좋은 법으로써 여러 소국의 왕을 교화할 것이다.

다시 또 지장이여, 미래세 중에 만약 선남자와 선여인이 부처님의 법 중에서 선근을 심어 혹은 보시하고 공양하며 혹은 탑과 절을 보수하며 혹은 경전을 장식하거나 간수하여 털 하나, 티끌 한 개, 모래 한 알, 물 한 방울만큼의 착한 일이라도 다만 법계에 회향하면 이 사람의 공덕은 백천 생 동안 최상의 묘한 즐거움을 받을 것이며, 다만 자기 집 권속에게만 회향하거나 자기 자신에게만 이익하게 하더라도 이와 같은 과보는 곧 삼생의 즐거움을 받으리라. 하나를 버리면 만 가지의 보답을 얻게 될 것이다. 그러므로 지장이여, 보시하는 인연이란 이와 같은 것이다."

제11, 땅의 신들이 법을 보호하다[地神護法品]

그 때에 견뢰지신이 부처님께 사뢰었다.

"세존이시여, 저는 예전부터 지금까지 한량없는 보살마하살을 뵈옵고 정례하는데 모두 크고 불가사의한 신통력과 지혜로 널리 중생들을 제도하건마는 이 지장보살마하살은 다른 보살보다 서원이 더 깊고 두텁습니다.

세존이시여, 이 지장보살이 염부제에 큰 인연이 있으므로 문수·보현·관음·미륵 같은 보살님도 또한 백천의 모습으로 변화하여 육도의 중생들을 제도하여도 그 원이 오히려 끝이 있는데 이 지장보살이 육도의 일체 중생들을 교화하고자 서원을 발한 겁수가 천백억의 항하의 모래와 같습니다.

세존이시여, 제가 보니 미래와 현재의 중생들이 살고 있는 곳에서 남쪽으로 청결한 땅에 흙과 돌과 대와 나무로 그 감실(龕室)을 만들고 이 가운데 형상을 그리거나 금과 은과 구리쇠와 무쇠로 지장보살의 형상을 만들고 향을 사루어 공양을 올리고 우러러 예배하고 찬탄하면 이 사람이 사는 곳이 곧

열 가지 이익을 얻게 됩니다. 무엇이 열 가지냐 하면,

1. 토지마다 풍년이 들 것이며,
2. 집안이 길이 편안할 것이며,
3. 먼저 돌아가신 이는 하늘에 날 것이며,
4. 현재 남아 있는 사람의 수명이 늘어날 것이며,
5. 구하는 것이 뜻대로 이루어질 것이며,
6. 물과 불의 재앙이 없을 것이며,
7. 헛되이 소모되는 일이 없고,
8. 나쁜 꿈이 없으며,
9. 들어오고 나갈 때 신장의 보호를 받을 것이며,
10. 성스러운 인연을 많이 만나게 되는 것입니다.

"세존이시여, 미래세나 현재세의 중생들이 만약 거주하는 곳에서 이와 같은 공양을 올리면 이와 같은 이익을 얻을 것입니다."

견뢰지신이 다시 부처님께 사뢰기를, "세존이시여, 미래세 가운데 만약 선남자와 선여인이 거주하는

곳에서 이 경전과 보살의 형상을 보고 이 사람이 다시 경전을 독송하며 지장보살님께 공양을 올리면, 제가 항상 낮과 밤에 본래의 신력을 가지고 이 사람을 호위하여 수재나 화재나 도적이나 큰 횡액과 작은 횡액 등 일체의 악한 일을 모두 소멸시켜 주겠습니다."

부처님께서 지신에게 이르시기를, "견뢰여, 그대의 큰 신력은 다른 신이 미치지 못한다. 왜냐하면 염부제의 토지가 모두 그대의 보호함을 입어서 풀과 나무와 모래와 돌과 벼와 삼과 대와 갈대와 곡식과 쌀과 보배까지 땅에서 나는 것은 모두 그대의 신력에 기인한 것이거늘, 또한 지장보살의 이익에 대한 일을 찬양하니 그대의 공덕과 신통력은 보통 지신들보다 백천 배나 더할 것이다.

만약 미래세 중에 선남자와 선여인이 지장보살을 공양하고 이 경전을 독송하되 다만 지장보살본원경을 의지하여 한 가지만 수행하는 자라도 그대는 본래의 신력을 가지고 옹호하여 일체의 재해나 뜻과 같이 되지 않는 일이 전혀 귀에 들리지도 않게 하겠거든 어찌 하물며 직접 받게 되겠는가?

다만 그대만 홀로 이 사람들을 옹호할 뿐 아니라 또한 제석과 범천의 권속과 제천의 권속도 이 사람을 옹호할 것이다. 무슨 까닭으로 이와 같이 성현의 옹호를 받는가 하면 모두 지장보살의 형상을 우러러 예배하고 이 지장보살본원경을 독송하기 때문이니라. 그리고 끝내는 저절로 고해를 벗어나서 열반락을 증득하게 될 것이니 이러한 까닭으로 큰 옹호를 받게 되리라."

제12. 보고 듣는 이익[見聞利益品]

그 때에 세존께서 이마 위로부터 백천만억의 대호상의 광명을 놓으시니, 이른바 백호상광명과 대백호상광명과 서호상광명과 대서호상광명과 옥호상광명과 대옥호상광명과 자호상광명과 대자호상광명과 청호상광명과 대청호상광명과 벽호상광명과 대벽호상광명과 홍호상광명과 대홍호상광명과 녹호상광명과 대녹호상광명과 금호상광명과 대금호상광명과 경운호상광명과 대경운호상광명과 천륜호광명과 대천륜호광명과 보륜호광명과 대보륜호광명과 일륜호광명과 대일륜호광명과 월륜호광명과 대월륜호광명과 궁전호광명과 대궁전호광명과 해운호광명과 대해운호광명이었다.

이마 위에서 이와 같은 호상의 광명을 놓으신 뒤에 미묘한 음성을 내어 모든 대중과 천룡팔부와 사람인 듯 아닌 듯한 이들에게 이르시었다.

"내가 오늘 도리천궁에서 지장보살이 인간과 천상 가운데서 이익이 되는 일과 불가사의한 일과 매우 성스러운 인연의 일과 십지(十地)를 증득하는 일과 마침내는 최상의 깨달음에서 퇴전하지 않은 일을 일컬어 찬탄함을 들어 보라."

이 말씀을 설하실 때에 법회 중에 한 보살마하살이 계시니 이름은 관세음이라. 자리에서부터 일어나서 호궤합장하고 부처님께 사뢰었다.

"세존이시여, 이 지장보살마하살이 대자대비를 갖추고 죄고의 중생들을 불쌍하게 생각하여 천만 억 세계에서 천만 억의 몸으로 변화하고 온갖 공덕과 불가사의한 위신력을 소유하고 있음은 제가 이미 세존과 시방세계의 한량없는 여러 부처님들께서 이구동성으로 지장보살을 찬탄하실 때 들었습니다. 어찌하여 과거와 미래의 여러 부처님들께서 그의 공덕을 말씀하셔도 오히려 다하실 수 없습니까?

앞서 세존께서 널리 대중들에게 지장보살의 이익 등에 관한 일을 드러내심을 들었습니다. 원컨대 세존께서는 현재와 미래의 일체 중생들을 위하여 지장보살의 불가사의한 일을 드날리시어 천룡팔부로 하여금 우러러 예배하여 복을 얻게 하여 주십시오."

부처님께서 관세음보살에게 이르시었다.

"그대는 저 사바세계에 큰 인연이 있어 천인들과 용과 남자와 여자와 신과 귀, 내지는 육도의 죄고(罪苦) 중생들까지 그대의 이름을 듣는 자나 그대의 형상을 보는 자나 그대를 생각하고 사모하는 자나 그대를 찬탄하는 자 등, 이 모든 중생들은 모두 최상의 깨달음에서 반드시 퇴전하지 아니하고 항상 인간과 천상에 나서 즐거움을 갖추어 받게 되며 인과가 성숙하면 부처님의 수기를 받을 것이다.

그대는 지금 대자대비의 마음을 갖추고 중생들과

천룡팔부들을 불쌍하게 생각하여 내가 지장보살의 불가사의한 이익되는 일들에 관해 설명하는 것을 듣고자 하니 그대는 자세히 들어라. 내 지금 말하리라."

관세음보살이 말씀하기를, "예, 그렇게 해 주십시오. 세존이시여, 즐거이 듣고자 원합니다."

부처님께서 관세음보살에게 이르시었다.

"미래와 현재의 모든 세계 중에 하늘 사람들이 천상이 복을 다 받고는 다섯 가지 쇠퇴하는 현상이 나타나서 혹 악도에 떨어지는 자가 있게 된다. 그때 이와 같은 천인의 남자나 여자가 그러한 현상이 나타날 때를 맞이하여 혹 지장보살의 형상을 보거나 혹 지장보살의 이름을 듣고 한 번 보고 예배하게 되면 이 모든 천인이 하늘의 복을 더욱 더 늘리고 큰 쾌락을 받아 영원히 삼악도의 과보를 받지 아니하리라. 그런데 하물며 지장보살을 보고 지장보살의 이름을 듣고 하여 여러 가지 향과 꽃과 의복과 음식과 보배와 영락들을 가지고 보시하고 공양함이겠느냐. 그리하여 얻은 공덕과 복과 이익은 한량없고 끝이 없을 것이다.

다시 또 관세음보살이여, 만약 미래와 현재의 모든 세계 중에 육도의 중생들이 목숨을 마칠 때가 되어 지장보살의 이름을 얻어들어서 한 소리만 귓가를 스치더라도 이 모든 중생들은 영원히 삼악도의 고통에 떨어지지 아니하리라.

그런데 어찌 하물며 목숨을 마칠 때가 되어 부모와 권속들이 이 목숨을 마치는 사람의 집이나 재물과 보배와 의복을 가지고 지장보살의 형상을 조성하거나 그림을 그리며, 혹 병든 사람이 죽기 전에 눈으로 보게 하고 귀로 듣게 하는 것이겠는가.

또 도리를 아는 친척들이 집이나 보배 등을 가지고 그 자신을 위하여 지장보살의 형상을 조성하거나 그림으로 그리면 이 사람의 업보가 중병을 앓을 만하더라도 이 공덕을 입어서 곧 병이 낫고 수명이 불어나게 되리라. 이 사람이 만약 이 업보로 말미암아 수명이 다하여 일체의 죄업으로 인해 악도에 떨어지는 것이 마땅할지라도 이 공덕을 입어서 목숨을 마친 뒤에 곧 인간과 천상에 태어나서 수승한 즐거움을 받고 모든 죄가 다 소멸하리라.

다시 또 관세음보살이여, 만약 미래세에 남자나 여인이 혹 젖먹이 때나 혹 세 살이나 다섯 살이나 열 살 이하에 부모와 형제와 자매를 잃고, 이 사람이 나이가 들어서 부모와 권속을 생각하고 그리워하나 어떤 곳[趣]에 떨어졌는지, 어떤 세계에 태어났는지, 어떤 하늘에 태어났는지를 알지 못한다고 하자, 이러한 경우 이 사람이 지장보살의 형상을 조성하거나 그림으로 그리며, 또한 이름을 듣고 한번 뵈옵고 한번 예배하여 첫날부터 7일까지 처음 마음에서 물러서지 아니하고 지장보살의 이름을 듣거나 형상을 보고 우러러 예배하고 공양하면, 이 사람의 권속들이 설사 악업 때문에 악취에 떨어져서 몇 겁을 지내야 하는 데 해당하더라도 이 남녀의 형제와 자매는 지장보살의 형상을 조성하고 그림으로 그려서 우러러 예배한 공덕으로 곧 해탈을 얻어 인간이나 천상에 나서 수승한 즐거움을 받게 되리라. 그리고 이 사람의 권속이 만약 복력이 있어서 이미 인간과 천상에 나서 수승한 즐거움을 받고 있는 이라면 곧 이 공덕을 입어서 성스러운 인연이 더욱 증가하여 한량없는 즐거움을 받게 되리라.

이 사람이 다시 삼칠일 동안 한결 같은 마음으로 지장보살의 형상을 우러러 예배하고 그 이름을 외워서 만 번을 채우게 되면 보살이 가없는 몸을 나타내어 이 사람의 권속이 태어난 세계를 낱낱이 알려 줄 것이다. 혹은 꿈속에서 보살이 큰 위신력을 나타내어 친히 이 사람을 거느리고 모든 세계를 돌면서 권속들을 다 보여 줄 것이다.

다시 매일 지장보살의 이름을 천 번을 외워서 천 일에 이르면 이 사람은 지장보살이 그가 있는 곳에 토지신을 보내서 죽을 때까지 호위하도록 할 것이며, 현세의 의식이 풍족하여 넘치고 모든 질병이나 고통이 없어지며 횡액이 그 사람의 집에 들어가지 못하게 할 것이다. 그런데 그 사람의 몸에 직접 미치게 하겠느냐. 이 사람은 필경 보살이 이마를 만져 주며 수기를 내리리라.

다시 또 관세음보살이여, 만약 미래세에 선남자와 선여인이 넓고 큰 자비심을 발하여 일체의 중생들을 제도하고자 하는 자와 무상보리를 닦고자 하는 자와 삼계를 뛰어나고자 하는 자 등, 이 모든 사람들이 지장보살의 형상을 보거나 이름을 듣고 지극한 마음으로 귀의하며, 혹은 향과 꽃과 의복과 보배와 음식을 가지고 공양하며 우러러 예배하면 이 선남자와 선여인들은 원하는 바가 빨리 이뤄지고 영원히 장애가 없으리라.

다시 또 관세음보살이여, 만약 미래세에 선남자와 선여인이 현재와 미래의 백천만억의 소원과 백천만억의 일을 이루고자 하거든 다만 지장보살의 형상에 귀의하고 우러러 예배하며 공양하고 찬탄하면 이와 같이 원하는 것과 구하는 것이 모두 다 성취될 것이며, 이 사람이 다시 지장보살에게 대자비로써 영원히 자기를 옹호해 주기를 원하면 이 사람은 꿈속에서 곧 지장보살이 이마를 만져주며 수기하여 주는 것을 받을 것이다.

다시 또 관세음보살이여, 만약 미래세의 선남자와 선여인이 대승경전에 대하여 소중하고 불가사의한 마음을 내어 읽거나 외우고자 하여, 비록 밝은 스승을 만나서 가르침을 받아 익숙해지려고 하여도 읽자마자 금방 잊어버리며, 해가 가고 달이 지나도 독송하지 못하는 선남자 선여인들은 숙세의 업장을 녹여서 제하지 못했기 때문에 대승경전을 읽고 외우는 소질이 없다.

이와 같은 사람도 지장보살의 이름을 듣거나 지장보살의 형상을 보고 순수한 마음으로 공경히 사뢰고, 다시 향과 꽃과 의복과 음식과 여러 가지 진귀한 공양거리들을 가지고 보살에게 공양하라. 그리고 깨끗한 물 한 그릇으로 하루 낮 하룻밤이 지나도록 지장보살 앞에 두었다가 합장하고 먹도록 하라. 머리는 남쪽을 향하고 입에 가져다가 댈 때는 지극한 마음으로 정중하게 물을 마시어라. 이 때는 오신채(五辛菜)와 술과 육식과 사음과 망어와 일체 살생을 7일이나 혹 삼칠일을 삼가라. 그렇게 하면 이 선남자와 선여인은 꿈 가운데 지장보살이 가없는 몸을 나투어 이 사람에게 이마에 물을 부어 주는 것을 받을 것이다. 이 사람이 꿈을 깨고 나면 곧 총명함을 얻어서 경전이 한 번만 귓가에 스쳐도 곧 영원히 기억하여 다시는 한 구절이나 한 게송도 잊어버리지 아니할 것이다.

다시 또 관세음보살이여, 만약 미래세의 모든 사람들이 의식(依食)이 부족하여 구하더라도 소원대로 안 되며 혹은 질병이 많고 혹은 흉한 일과 쇠퇴하는 일이 많아서 집안이 불안하고 권속이 나누어지고 흩어지며 혹 횡액(横厄)이 많이 생겨서 몸을 괴롭히며, 또한 꿈자리에서 놀라고 두려운 일이 많으면 이와 같은 사람들은 지장보살의 이름을 듣거나 지장보살의 형상을 보고 지극한 마음으로 공경하고 외워서 만 번을 채우면 이 모든 뜻과 같지 아니한 일이 점점 소멸하고 곧 안락함을 얻고 의식이 풍족하게 넘치며 꿈속에서까지 모두 안락하게 될 것이다.

다시 또 관세음보살이여, 만약 미래세에 선남자와 선여인이 혹 생업때문이거나, 혹 공적인 일이거나 사적인 일이거나, 혹 생명에 관계되는 일이거나, 혹 급한 일로 인하여 산림 중에 들어가든지, 내와 바다를 건너든지, 큰물을 만나든지, 혹은 험한 길을 가든지 할 때, 이 사람이 먼저 지장보살의 이름을 만 번을 외우면 지나가는 곳의 토지신이 호위하여 걷거나 머물거나 앉거나 눕거나 간에 영원히 안락함을 지켜줄 것이며, 호랑이나 사자나 일체의 해독을 만나더라도 손상을 입지 아니하리라."

부처님께서 관세음보살에게 이르시었다.

"이 지장보살은 염부제에 큰 인연이 있다. 만약 모든 중생들에게 보고 듣고 하여 이익되는 일을 설명하려면 백천 겁을 두고 설명하더라도 다할 수가 없다. 그러므로 관세음보살이여, 그대는 위신력을 가지고 이 경전을 유포시켜 사바세계의 중생으로 하여금 백천만 겁 동안 영원히 안락을 누리도록 하라."

이 때에 세존께서 게송을 설하시었다.

"내가 이제 지장보살의 위신력을 관찰해 보니
항하사 겁을 설하여도 다 할 수 없네.
한순간만 보고 듣고 우러러 예배하여도
한량없는 이익이 인천에 넘치리라.
남자와 여자와 용과 신들이

그 과보가 다하여 악도에 떨어질지라도
지극한 마음으로 지장보살에게 귀의하면
수명은 불어나고 죄업은 소멸되리라.
어려서 부모의 사랑을 잃어버린 이가
그들의 영혼이 어디에 있는지 알지 못하며
형제자매와 모든 친척들까지
자라오는 동안 전혀 알지 못하더라도
지장보살을 조성하거나 그림을 그려서
애달픈 마음으로 우러러 예배하고 눈 떼지 않고,
삼칠 일 동안 그 이름을 외우게 되면
보살께서 가없는 몸을 나타내시어
그 권속들이 태어난 곳을 보여주며
비록 악도에 떨어져도 곧 벗어날 것이다.
만약 처음 마음에서 물러서지 않으면
곧 이마를 만지면서 수기를 내리리라.
최상의 깨달음을 얻고자 하는 이와
삼계의 고통에서 벗어나고자 하는 이는
이미 대 자비심을 내었는지라
먼저 지장보살의 형상에 우러러 예배한다면

일체의 모든 소원을 속히 성취하여
길이 업장을 소멸하고 다시 짓지 않으리.
어떤 사람 발심하여 경전을 외우고
미혹한 이들을 제도하여 피안에 이르고자 할새
비록 뛰어난 큰 원을 세웠으나
읽자마자 금방 잊고 막힘이 많은 것은
이 사람의 업장과 미혹때문에
대승경전을 읽고도 기억하지 못하네.
향과 꽃과 의복과 음식과
여러 가지 진귀한 것으로 지장보살께 공양하며,
청정수를 지장보살 앞에 놓아두고
하루 낮 하룻밤을 지난 뒤 마시며,
소중한 마음을 내어 오신채를 삼가고
술과 고기, 사음과 망어를 삼가며,
삼칠일 동안 살생하지 말라.
지극한 마음으로 지장보살의 이름을 외우면
곧 꿈속에서 가없는 몸을 나타내나니
깨고나면 문득 눈과 귀에 총명 얻으리.
경전의 가르침이 귓가를 지나만 가도

천생이고 만생이고 길이 잊지 않으리니
이것은 지장보살의 불가사의한 힘이
이 사람으로 하여금 이러한 지혜 얻게 하였네.
빈궁한 중생들과 병든 중생들
가업은 쇠망하고 권속들은 떠나가서
꿈속에서까지도 모두 불안에 떨며,
구하는 것은 아무 것도 이뤄지지 않을 때
지장보살님께 지극한 마음으로 우러러 예배하면
일체의 악한 일은 모두 소멸하고,
꿈속에서까지도 모두 편안함을 얻고
의식은 풍요하고 신귀들은 옹호하리라.
산림에 들어가거나 바다를 건널 때
독하고 악한 금수나 악한 사람 만났거나
악신과 악귀와 모진 바람과
일체의 난관들과 온갖 고통이 있을지라도
위대하신 지장보살님의 형상 앞에
우러러 예배하고 공양 올리면
이와 같은 산림이나 바다에서도
틀림없이 이러한 악들은 모두 소멸되리라.

관세음보살이여, 지극한 마음으로 내 말을 들어라.
지장보살의 한량없고 불가사의한 공덕은
백천만 겁을 설명해도 다하지 못하리니
지장보살의 이와 같은 힘을 널리 알리라.
지장보살의 이름을 만약 듣거나
그 형상을 보고 우러러 예배하는 이는
향과 꽃과 의복과 음식을 바치거나 공양 올리면
백천 가지의 좋은 복락을 받으리라.
만약 이 공덕을 또 법계에 회향하면
필경에는 성불하여 생사를 초월하리니
그러므로 관세음보살이여, 그대는 알아서
항하강 모래 수와 같은 국토에 널리 알리어라.

제13, 사람들에게 부촉하다[囑累人天品]

그 때에 세존께서는 금빛 팔을 들어서 지장보살 마하살의 이마를 만지시고 이와 같이 말씀하시었다.

"지장보살이여, 지장보살이여, 그대의 위신력을 헤아릴 수 없으며, 그대의 자비를 헤아릴 수 없으며, 그대의 지혜를 헤아릴 수 없으며, 그대의 변재를 헤아릴 수 없으니 시방의 모든 부처님으로 하여금 그대의 불가사의한 일을 천만 겁 동안 찬탄하고 설명하게 하더라도 다하지 못할 것이다.

지장보살이여, 지장보살이여, 기억하라. 내 오늘 도리천 중에서 백천만억의 말로는 다 표현할 수 없는 일체의 제불보살과 천룡팔부의 큰 법회에서 거듭 인간과 천상의 모든 중생들과 삼계를 벗어나지 못하고 화택(火宅) 중에 있는 이들을 그대에게 부촉한다. 이 모든 중생으로 하여금 하루 낮이나 하룻밤이라도 악도에 떨어지지 않게 해야 한다. 그런데 하물며 오무간지옥과 아비지옥에 떨어져서 천만억 겁을 지내도 벗어날 기약이 없도록 해서야 되겠는가.

지장보살이여, 이 남염부제 중생들이 뜻과 성품이 일정함이 없어서 악을 익히는 자는 많고, 비록 선한 마음을 낼지라도 잠시 뒤에는 곧 물러나며, 만약 악한 인연을 만나면 순간 순간 그 인연이 자라난다. 이러한 일 때문에 내가 이 형상을 백천만억으로 나누어 교화하며 그들의 근기와 성품을 따라서 제도하며 해탈시키는 것이다.

지장보살이여, 내 지금 간절히 천상과 인간의 대중을 그대에게 부촉하니 미래 세상의 천상과 인간과 선남자와 선여인이 부처님의 법 가운데서 작은 선근을 심되 하나의 털과 한 개의 먼지와 한 알의 모래와 한 방울의 물만큼만 할지라도 그대는 도력(道力)으로써 이 사람을 옹호하여 점점 최상의 법을 닦아서 물러서지 않게 하여라.

다시 또 지장보살이여, 미래세 가운데 하늘이나 사람이 업의 보응(報應)에 따라서 악도에 떨어지는데, 악도에 떨어질 때에 다다라서 혹 악도의 문 앞에 이르렀더라도 이 모든 중생들이 만약 한 부처님의 이름이나 한 보살의 이름이나 한 구절이나 한 게송의 대승경전을 외우면 이 중생들을 그대의 위신력과 방편으로 구제하여 이 사람 앞에 가없는 몸을 나타내어 지옥을 부수어버리고 하늘에 나게 하여 수승한 즐거움을 받도록 하라."

그 때에 세존께서 게송을 설하여 말씀하셨다.

"현재와 미래의 천인과 인간들을

내 지금 간절히 그대에게 부촉하노니
대신통력과 방편으로 제도하여
모든 악도에 떨어지지 않게 하라.

그 때에 지장보살마하살이 호궤합장하고 부처님께 사뢰었다.

"세존이시여, 원컨대 세존께서는 심려하지 마십시오. 미래세 가운데 만약 선남자와 선여인이 부처님의 법 가운데서 일념으로 공경하면 저도 또한 백천 가지 방편으로 이 사람을 제도시켜 생사 중에서 빨리 해탈을 얻게 하겠습니다. 그런데 어찌 여러 가지 좋은 일을 듣고 생각 생각에 수행하면 자연히 최상의 도에서 영원히 퇴전하지 않게 하는 일이겠습니까."

이 말씀을 설하실 때에 법회 중에 한 보살이 계시니 이름은 허공장(虛空藏)이었다. 허공장보살이 부처님께 사뢰어 말씀드렸다.

"세존이시여, 저는 도리천궁에 와서 여래께서 지장보살의 위신력이 헤아릴 수 없음에 대해 찬탄하심을 들었습니다. 미래세 중에 만약 선남자와 선여인과 일체의 하늘과 용이 이 경전과 지장보살의 이름을 듣고 혹 형상에 우러러 예배하면 몇 가지의 복리(福利)를 얻게 됩니까? 원컨대 세존께서는 미래와 현재의 일체 중생들을 위하여 간략하게 설명하여 주십시오."

부처님께서 허공장보살에게 말씀하셨다.

"자세히 듣고 자세히 들어라. 내 그대를 위하여 분별하여 말하겠다. 만약 미래세에 선남자와 선여인이 지장보살의 형상을 친견하거나 이 경을 듣거나 독송하거나 향과 꽃과 음식과 의복과 진기한 보배로써 보시하며, 공양하고 찬탄하고 우러러 예배하면 스물 여덟 가지의 이익을 얻게 된다.

1. 하늘과 용이 보호하며,
2. 선한 과보가 날로 증가되며,
3. 성스럽고 훌륭한 인연이 모이며,
4. 보리심에서 물러서지 않으며,
5. 의식이 풍족하며,

6. 전염병이 들지 않으며,

7. 물과 재난이 없으며,

8. 도적의 액난이 없으며,

9. 사람이 보고 공경하며,

10. 귀신들이 돕고 지킬 것이며,

11. 여자는 남자의 몸으로 바뀌며,

12. 왕과 대신의 딸이 될 것이며,

13. 단정한 상호를 얻을 것이며,

14. 천상에 나는 일이 많을 것이며

15. 간혹 제왕이 될 것이며,

16. 숙명통(宿命通)을 얻을 것이며,

17. 구하는 것은 모두 얻을 것이며,

18. 권속들이 기뻐할 것이며,

19. 모든 횡액이 소멸될 것이며,

20. 업의 길이 영원히 소멸될 것이며,

21. 가는 곳마다 막힘이 없을 것이며,

22. 밤에 꿈이 편안할 것이며,

23. 돌아가신 조상님들이 고통에서 벗어날 것이며,

24. 태어날 때부터 복을 받아서 날 것이며,

25. 모든 성인들이 찬탄하실 것이며,
26. 근기가 예리하고 총명해질 것이며,
27. 사랑하고 불쌍히 여기는 마음 넉넉할 것이며,
28. 필경에는 성불할 것이다.

다시 또 허공장보살이여, 만약 현재와 미래에 천룡과 귀신이 지장보살의 명호를 듣고 지장보살의 형상에 예배하며 혹 지장보살의 본래의 서원 등에 관한 일을 듣고 수행하고 찬탄하며 우러러 예배하면 일곱 가지의 이익을 얻는다.

1. 성인의 지위에 빨리 뛰어 오를 것이며,
2. 악업이 소멸될 것이며,
3. 모든 부처님이 보호할 것이며,
4. 보리심에서 물러서지 않을 것이며,
5. 본래의 힘이 더욱 증가할 것이며,
6. 숙명을 모두 통할 것이며,
7. 필경에는 성불하리라."

그 때에 시방의 모든 곳에서 오신 말로는 다 표현할 수 없는 일체의 모든 부처님과 대보살과 천룡팔부들이 석가모니 부처님께서 지장보살의 대 위신력이 불가사의하다고 칭찬하심을 듣고 일찍이 없었던 일이라고 찬탄하였다.

이때 도리천이 한량없는 향과 꽃과 하늘의 옷과 보배 구슬을 비오듯이 내려보내어 석가모니 부처님과 지장보살에게 공양하였다. 그리고는 모든 대중들이 함께 다시 우러러 예배하고 합장하며 물러갔다.

◈무비(如天 無比)스님

·전 조계종 교육원장
·범어사에서 여환스님을 은사로 출가
·해인사 강원 졸업
·해인사, 통도사 등 여러 선원에서 10여년 동안 안거
·통도사, 범어사 강주 역임
·조계종 종립 은해사 승가대학원장 역임
·탄허스님의 법맥을 이은 강백
·화엄경 완역 등 많은 집필과 법회 활동

▶저서와 역서
『금강경 강의』, 『보현행원품 강의』, 『화엄경』, 『예불문과 반야심경』, 『반야심경 사경』 외 다수.

지장보살본원경(下)

초판 9쇄 발행일 · 2023년 4월 15일
초판 9쇄 펴낸날 · 2023년 4월 20일
편　저 · 무비 스님
펴낸이 · 이규인
편　집 · 천종근
펴낸곳 · 도서출판 窓
등록번호 · 제15-454호
등록일자 · 2004년 3월 25일

주소 · 서울특별시 마포구 대흥로4길 49, 1층(용강동, 월명빌딩)
전화 · 322-2686, 2687 / 팩시밀리 · 326-3218
e-mail · changbook1@hanmail.net
홈페이지 · (http://www.changbook.co.kr

ISBN 89-7453-128-3 03220
정가 5,500원

☞ 염화실(http://cafe.daum.net/yumhwasil)에서 무비스님의 강의를 들을 수 있습니다.